Hans-Peter Dürr

Geist, Kosmos und Physik

Hans-Peter Dürr

Geist, Kosmos und Physik

Gedanken über die Einheit des Lebens

ISBN 978-3-86191-003-9

Deutsche Originalausgabe
6. Auflage 2012
© Crotona Verlag GmbH
Kammer 11 • D-83123 Amerang
www.crotona.de

Umschlaggestaltung unter Verwendung von Shutterstock I.D. 37071070:
Annette Wagner

Druck: Ebner & Spiegel • Ulm

Inhalt

Einführung

Die Naturwissenschaften haben uns umfassende und tiefe Einblicke in die Struktur und die Dynamik unserer Welt erlaubt, aber durch den von ihnen ausgelösten triumphalen Siegeszug der Technik uns auch eine globale Existenzkrise beschert, der wir heute ziemlich hilflos gegenüberstehen. Diese Existenzkrise kam nicht aus heiterem Himmel.

Die eindrucksvolle, erfolgreiche Entwicklung der Physik, welche die vielfältige materielle Grundstruktur offenlegte und die für die zeitliche Entwicklung streng gültigen Naturgesetze entdeckte, ließ hoffen, dass letztlich durch weitere Forschung das, was bisher nur Glaube war, in solides Wissen verwandelt werden könne. Mit diesem Wissen bestünden dann vielfältige Möglichkeiten, durch geeignetes Handeln die Zukunft des Menschen nicht nur zu sichern, sondern sie optimal zu seinen Gunsten zu gestalten.

Anfang des letzten Jahrhunderts stieß die Physik jedoch auf ganz neue Phänomene, die mit der bisher so erfolgreichen und, aufgrund ihrer strukturellen Konsistenz, als streng gültig betrachteten klassischen Physik nicht mehr erklärt werden konnten. Es war dann die fortschreitende Forschung im Mikrokosmos, wo man in den Atomen endlich die letzten, nicht mehr weiter teilbaren Bausteine der Materie glaubte entdeckt zu haben, die zur großen Überraschung der Physiker zu dem paradoxen Ergebnis kam, dass es kleinste materielle Bausteine im gewohnten Sinne gar nicht gibt. Die Auflösung dieser Paradoxie führte zu einer radikal anderen Weltsicht. Aus „greifbaren Dingen", Teilchen, wurden „nicht-greifbare Prozesse", Passierchen. Die bisherige Vorstellung der Welt als „Realität" (lat. res =Ding) musste anders und wesentlich erweitert als eine Art „Wirklichkeit" gedeutet werden, als eine nicht-auftrennbare, immaterielle, lebendig wirkende Potenzialität im ständigen Wandel.

Die neue Weltsicht hat tiefgreifende Konsequenzen. Von besonderer Bedeutung ist, dass sie einen Brückenschlag ermöglicht zwischen den Naturwissenschaften und den Religionen auf eine Weise, in der die Naturwissenschaften die eindeutige gesetzliche Determiniertheit und damit ihre Fähigkeiten zu exakten Prognosen verlieren und damit der Situation der Religionen näherkommen. Von diesem neuen Standpunkt aus befinden wir uns heute in einer schizophrenen Situation, wenn wir glauben, mit der alten Denkweise des 19. Jahrhunderts und der aus dem neuen Denken entwickelten Technologie des 20. Jahrhunderts den Herausforderungen des 21. Jahrhunderts erfolgreich begegnen zu können.

Das vorliegende Buch möchte auf die enge Verbindung zwischen den neuen Erkenntnissen der Physik und den tradierten religiösen Weisheiten aufmerksam machen. Es versucht zu verdeutlichen, dass die großen sichtbaren Gegensätze zwischen den Naturwissenschaften und Religionen einerseits sowie zwischen den verschiedenen Kulturen und Konfessionen andererseits deutlich entschärft werden können, wenn wir feststellen, dass alle im Kern viel ähnlicher sind, als dies nach außen erscheint. Die scheinbare Unverträglichkeit entsteht mehr durch eine unterschiedliche Deutung des Nichtgreifbaren, die sich an unterschiedlichen Gleichnissen und Metaphern orientiert.

Das Buch ist teilweise aus einem mehrstündigen Interview entstanden, das Birgit Stratmann vom Tibetischen Zentrum, als Redakteurin von *Tibet und Buddhismus*, mit mir im November 2008 im Hamburger Literaturhaus-Cafe geführt hat. Angeregt wurde dieser Gedankenaustausch durch Lelani Dias *(Ethik im Alltag)*, der Veranstalterin des 2. Internationalen Kongresses *Gebet 2007* an der Universität Hamburg. Es war Birgit Stratmann, welche die mühsame Arbeit übernahm, aus meinen langen Antworten auf ihre kurzen Fragen einen ersten Text zu formulieren, wofür ich mich ganz herzlich bei ihr bedanken möchte. Ich möchte mich auch bei Peter Michel bedanken, dass er seitens des Crotona Verlages die Idee eines Buches dieser Art so enthusiastisch aufgenommen und unterstützt hat.

Angesichts der Vielfalt und Instabilität der augenblicklichen globalen Krisen halte ich es für wichtig, ja für dringend notwendig, dass sich die vielen Kulturen und Religionen ihrer gemeinsamen Werte bewusst werden. Dies verlangt, dass sie sich wechselseitig nicht nur tolerieren, sondern aufgrund ihrer tief verankerten Gemeinsamkeiten auch ehrlich respektieren. Entsprechend dem Paradigma des Lebendigen sollte eine kooperative Integration auf einer höheren Ebene angestrebt werden, welche die Unterschiedlichkeit achtet und sie positiv zusammenführt, so dass das Ganze mehr wird als die Summe seiner Teile. Dieser Prozess hat schon vor einiger Zeit begonnen. Die ersten beiden Artikel in diesem Buch sind, als Beiträge zu Tagungen, Beispiele dafür. Weitere Kontakte von dieser Art, wie z.B. nach Japan, China oder Indien, sind im Gange und versuchen einen fruchtbaren gemeinsamen Boden vorzubereiten, der schon für alle da ist und nur noch wahrgenommen werden muss.

Hans-Peter Dürr
München, 25. Januar 2010

Naturwissenschaftliche Erkenntnis und Wirklichkeitserfahrung

Einleitende Bemerkungen

Der nachfolgende Text wurde ursprünglich als Vortrag auf dem „Wiener Kultur-Kongress" gehalten, der unter dem Motto stand: „Auf der Suche nach dem verlorenen Gott - Zukunft von Religion und Glaube in einer säkularisierten Welt". Man mag sich fragen, was denn ein Physiker zu diesem Thema zu sagen hat?

Es geht jedoch um die Frage der 'Geistigen und religiösen Krise in der heutigen Welt'. Dazu ist ein Beitrag von einem Naturwissenschaftler schon nicht ganz abwegig. Denn durch die Naturwissenschaft und die durch sie ermöglichte Technik wurde unsere Lebenswelt dramatisch verändert, was wesentlich zu den heutigen Krisen beigetragen hat.

Wir befinden uns nicht nur in einer „Krise der Immanenz", weil uns die unmittelbare Erfahrung, als Menschen unauflösbar im Transzendenten – dem *Einen*, dem *Nicht-Zweihaften* – verankert zu sein, verlorengehen könnte. Wir stehen bereits schon mitten in einer zweiten Krise, die „Erschöpfung der Moderne" genannt

wird. Diese zweite Krise lässt uns der Brüchigkeit und Unzuläng-
lichkeit unserer heutigen säkularisierten, materialistischen Welt-
betrachtung immer deutlicher gewahr werden. Die Krise besteht
eigentlich darin, dass wir – und hier meine ich vornehmlich uns
in der nördlichen, industrialisierten, sogenannten entwickelten
Welt – in all der Üppigkeit und all dem Trubel unseres Alltags
unter einem Hunger nach Geistigem und Sinnhaftem, einem Gefühl von Verlorensein und Einsamkeit leiden. Mehr noch, dass
uns die tieferen Ursachen unserer Frustration eigentlich gar nicht
bewusst werden und wir deshalb auch nicht bereit und willig sind,
geeignete Nahrung aufzunehmen und *nach Hause zurückzukeh-
ren*. Der Widerstand, das im eigentlichen Sinne Vernünftige zu
tun, resultiert aus einem falschen Verständnis oder mangelhaf-
ten Gebrauch unserer Rationalität. Die Rationalität stellt sich uns
verengt dar als eine Fähigkeit, Wissen – exaktes Wissen, wie wir
vielfach glauben – über die Wirklichkeit, über die Welt sammeln
und kritisch denkend verarbeiten zu können, damit es sich zu einer besseren Steuerung unseres absichtsvollen Handelns eignet.

Unsere heute immer noch ungebrochene Zuversicht, unser Leben und Handeln auf Rationalität in diesem eingeschränkten Sinne gründen, ja ausschließlich gründen zu können – d.h. die andere Seite der Rationalität, die abwägende, wert-trächtige Vernunft
nicht wesentlich einzubeziehen – basiert vornehmlich auf den
eindrucksvollen Erfolgen moderner Wissenschaft, insbesondere
den Naturwissenschaften und den vielfältigen praktischen Um-
setzungen dieses Wissens in Form unserer modernen Technik.

Wie so oft in unserer Geschichte kommen wir Menschen dabei
immer wieder in die alte Versuchung: Gelingt es uns einmal, einen kleinen Zipfel der *Wahrheit* zu erhaschen, dann meinen wir,
in diesem Zipfel gleich die einzige und ganze Wahrheit zu sehen.
Wir betrachten das ganze Weltgeschehen nur unter dieser einen
neuen Einsicht und zwängen, was nicht so recht passen will, mit

Intelligenz, Schlauheit, Eloquenz, doch auch mit unbewusster oder bewusster Mogelei und Gewalt, in dieses Korsett. Dieser Impuls entspringt nicht nur unserer Dummheit und Ungeduld. Dahinter steht der verständliche und lebensdienliche Wunsch, die undurchsichtige Komplexität unserer Mitwelt auf etwas für uns Einfacheres und damit Einsehbareres, Überschaubareres zu reduzieren. Durch diese vereinfachten Vorstellungen der Wirklichkeit und ihrer eingeprägten zeitlichen Entwicklung gelingt es uns, die Unsicherheit des Zukünftigen, die wir ständig als existenzielle Bedrohung empfinden und im nächsten Augenblick auch als dramatische, schmerzhafte, tödliche Realität erfahren und erdulden müssen, in vielen Details zu mildern. Ja, es hat sogar den Anschein, als ob wir unsere primitiven Nachbildungen der Wirklichkeit Schritt für Schritt so verbessern und verfeinern könnten, dass sie uns letztlich jegliche Unsicherheit zu beseitigen erlaubt. Doch immer genau zu wissen, was uns künftig erwartet, hätte kaum Vorteile für uns. Im Gegenteil: Die eine große, umfassende Unsicherheit würde durch eine noch bedrückendere Gewissheit vielfältigen Scheiterns abgelöst, wofür uns die Gewissheit einiger spärlicher Erfolge kaum entschädigen würde. Die Situation ändert sich jedoch grundlegend, wenn wir, was wir glauben, als Menschen wirklich – und nicht nur eingebildeterweise – auch die Fähigkeit besitzen, absichtsvoll zu handeln. Dann haben wir prinzipiell die Möglichkeit, mit unserem Wissen und durch geeignetes Verhalten die als sicher prognostizierten negativen Folgen zu vermeiden und unsere Überlebenschancen erheblich zu verbessern. Wir können darüber hinaus durch bewusste Manipulationen unserer Mitwelt versuchen, die für uns erwünschten Folgen herbeizuzwingen. Wissen wird hierdurch zu einem Machtinstrument und lässt in uns die Hoffnung wachsen, durch fortschreitende Verfeinerungen die Zukunft in immer höherem Maße meistern, beherrschen und letztlich „in den Griff" bekommen zu können.

In vielen Fällen, wenn auch meistens nur kurzfristig, scheint uns dies ja auch zu gelingen. Macht bezieht ihre Stärke aus der Einfalt – durch Bündelung von Kräften und nicht deren Differenzierung. Aber sie ist wegen dieser Einfalt vergänglich. Die momentanen Erfolge der 'Wahrheitssuche' verleiten zum Fundamentalismus. Das Körnchen Wahrheit wird unangemessen verabsolutiert. Wissenschaft und Technik im Verbund mit der Ökonomik stellen heute in gewissen Sinne so einen Fundamentalismus dar.

Meine Untersuchung möchte sich der Frage stellen: Wie steht wissenschaftliche Erkenntnis und unser naturwissenschaftlich fundiertes Wissen in Beziehung zu unserer allgemeinsten, umfassendsten Wirklichkeitserfahrung? Die Frage zielt darauf: Was können wir wirklich wissen? Bei ihrer Betrachtung wird eine prinzipielle Schranke wissenschaftlichen Wissens sichtbar werden: Es gibt ein Wissen um prinzipielles Unwissen. Dies ist nicht nur negativ zu werten. Wissen ist nicht alles. Grenzen des Wissens öffnen wieder größere Räume, die nur einem Gläubigen zugänglich sind, wobei Glauben mehr bedeuten kann als Unwissen, als Abwesenheit von Wissen.

Ausgangspunkt meiner Überlegungen werden die überraschende Vertiefung und Verbreiterung unserer Weltsicht sein, zu der die Entwicklung der Naturwissenschaften – ausgelöst durch die revolutionären Entdeckungen in der Physik und die dadurch notwendige Neuinterpretation ihrer Grundlagen – zu Beginn unseres Jahrhunderts geführt hat. Erstaunlich ist dabei, dass dieser tiefgreifende Wandel in unserem Verständnis der Wirklichkeit auch heute noch, fast hundert Jahre nach den bahnbrechenden Arbeiten von Max Planck und Albert Einstein, in unserer Gesellschaft und ihren Wissenschaften kaum philosophisch und erkenntnistheoretisch nachvollzogen worden ist. Und dies nicht etwa aufgrund eines Versagens der neuen Vorstellungen. Im Gegenteil, die Quantenphysik, welche diese neue Entwicklung bezeichnet, hat in den letzten siebzig Jahren seit ihrer Ausdeutung einen beispiellosen Triumphzug durch alle Gebiete der Physik angetreten und sich bis zum heutigen Tage unangefochten bewährt. Sie ist es ja, die vor allem in der Folge die ungeahnten technischen Entwicklungen angestoßen hat, die unserem Zeitalter, zum Guten oder Schlechten, unverkennbar ihren Stempel aufgedrückt haben. So wären die Atomkerntechnik und die modernen Informationstechnologien ohne die neuen Einsichten nicht möglich gewesen. Obwohl alle diese viefältigen, erstaunlichen und gewaltigen Konsequenzen wissenschaftlich akzeptiert wurden, so fühlt sich auch heute noch die Wissenschaft in gewisser Hinsicht überfordert, gleichzeitig die in hohem Maße überraschenden Vorstellungen zu übernehmen, aus denen die neue Physik eigentlich erst verständlich wird.

Dies hat viele Gründe. Allen voran: Der Bruch, den die neue Physik fordert, ist tief. Er bezeichnet nicht nur einen Paradigmenwechsel, wie dies von Thomas Kuhn in seinem Buch „The Structure of Scientific Revolutions" 1962 beschrieben worden ist. Deutet diese neue Physik doch darauf hin, dass die Wirklichkeit, was immer wir darunter verstehen, *im Grunde keine Realität* im Sinne einer *dinghaften* Wirklichkeit ist. Wirklichkeit offenbart sich primär nurmehr als *Potenzialität*, als ein „Sowohl/Als-auch", also nur als *Möglichkeit* für eine Realisierung in der uns vertrauten stofflichen Realität, die sich in objekthaft und der Logik des „Entweder-Oder" unterworfenen Erscheinungsformen ausprägt. Potenzialität erscheint als das *Eine*, das sich nicht auftrennen, das sich nicht mehr zerlegen lässt. Auf dem Hintergrund unserer gewohnten, durch das klassisch physikalische Weltbild entscheidend geprägten Vorstellungen klingt dies ungeheuerlich, eigentlich unannehmbar.

Der Weg zu den neuen Vorstellungen war dementsprechend äußerst mühsam und schmerzhaft. Und er muss von jedem Novizen neu erschlossen werden. Die Entdecker der neuen Physik, der Quantenmechanik, Planck und Einstein, die dafür mit dem Nobelpreis ausgezeichnet wurden, waren selbst nicht bereit, diesen Weg konsequent zu Ende zu gehen. Obgleich sie die Unausweichlichkeit der Schlussfolgerungen anerkannten, hofften sie bis zuletzt auf einen konventionellen Ausweg. Es war den Jüngsten unter den damaligen Physikern, Werner Heisenberg, Paul Dirac, Wolfgang Pauli und anderen, unter ihrem verehrten Kopenhagener Lehrer Niels Bohr vorbehalten, die neue Weltsicht in eine konsistente und, in einem gewissen Sinne, überzeugende Gestalt zu bringen. Doch genau betrachtet, haben nur wenige die von ihnen entworfene „Kopenhagener Interpretation" der Quantenmechanik zum Anlass genommen, ihre Wirklichkeitsvorstellung letztlich zu revidieren. Und dies nicht in einem Akt bewusster Verweigerung, sondern mehr im Sinne einer unbewussten Verdrängung des so Unvorstellbaren: „Weil nicht sein kann, was nicht sein darf."

Dieser Wunsch war und ist verständlich, insbesondere auf dem Hintergrund unserer westlichen Zivilisation, die so stark auf schöpferisches physisches Wirken, auf Veränderung, Handeln, Machterwerb und Machterweiterung ausgerichtet ist und zu deren Grundverständnis es deshalb gehört, sich die Wirklichkeit als objekthafte Realität vorzustellen, um sie in dieser materiell geronnenen Form zum eigenen Nutzen manipulieren und in den Griff bekommen zu können. Durch eine pragmatische, positivistische Einstellung, die vorgibt, auf jegliche *Ideologie* verzichten zu wollen und zu können – wobei in diesem Zusammenhang unter *Ideologie* gerne alles subsummiert wird, was über das direkt Greifbare und quantitativ Messbare hinausgeht – wird intellektuell der Weg geebnet, die wesentlichen philososphischen Aussagen der Quantenphysik zu ignorieren, ohne dabei auf ihre praktischen Folgerungen verzichten zu müssen. Zudem ist man ja glücklicherweise in der gewohnten Lebenswelt, dem von uns direkt wahrgenommenen Mesokosmos, um mehrere Größenordungen von jenem Mikrokosmos entfernt, wo sich die Quantenmechanik den forschenden Physikern so unwiderstehlich aufdrängte.

Fast hat es den Anschein, als ob die großen Probleme unserer Zeit teilweise darin begründet liegen, dass wir in den Gesellschaftswissenschaften, in der Politik wie in der Wirtschaft, mit den veralteten Vorstellungen des 19. Jahrhunderts versuchen, die neuen Kräfte zu bändigen, die uns aufgrund der ganz andersartigen Einsichten im 20. Jahrhundert zugewachsen sind. Diese Erkenntnis wäre noch kein Grund zur Beunruhigung, wenn es nur darum ginge, nun einfach geduldig abzuwarten, bis die neuen Vorstellungen auch in den Gesellschaftswissenschaften und in unserem politischen Alltag eingedrungen sind. Doch die zeitweilige Unfähigkeit, unser Handeln mit dem angemessenen Denken in Einklang zu bringen, könnte angesichts der entfesselten Einwirkungspotenziale die Menschheit leicht aus der Evolution katapultieren.

Dabei wäre das sich herauskristallisierende neue naturwissenschaftliche Weltbild in hohem Maße geeignet, die verschiedenen Wissenschaftzweige – so die Naturwissenschaften und Geisteswissenschaften – wieder enger zusammenzuführen. Es erlaubt, Glaube und Wissen, Religion und Wissenschaft als wesentliche und in gewisser Weise komplementäre Elemente einer umfassenden Sichtweise zu verstehen. Der Glaube wird von seiner Lückenbüßerrolle befreit, in der ihm jeweils nur noch überlassen bleibt, was bis zu diesem Zeitpunkt 'noch nicht gewusst' wird. Das Wissbare erfährt in der neuen Weltsicht eine prinzipielle Einschränkung. Dadurch erhält der Glaube wieder seine volle Bedeutung und eigenständige Wertigkeit zurück.

Über die Wahrheit

Glaube und Wissen sind beide auf „Wahrheit" gerichtet. Wahrheit bedeutet jedoch in beiden Fällen etwas anderes. In der neuen Sichtweise wird es in gewisser Weise keine dieser Wahrheiten mehr geben, sondern „offenere Wahrheiten" werden an ihre Stelle treten, die in subtiler Weise beides enthalten.

Ich spreche als Naturwissenschaftler. Mein Antrieb, Physiker zu werden und insbesondere zu den Atomen, den Atomkernen, zu den Elementarteilchen hinabzusteigen, entsprang nach dem Krieg und Zusammenbruch dem Wunsch: „... zu erkennen, was die Welt im Innersten zusammenhält ...", als ein Weg zu verlässlicher, nicht von fehlbaren Menschen diktierter Wahrheit. Ein Naturwissenschaftler analysiert, zerlegt, fragmentiert, um die Wahrheit zu finden – und landet deshalb notwendig beim Allerkleinsten. Dass ich auf dem Wege hinunter „ins Innerste" nicht nur *Philosophen* wie Werner Heisenberg begegnete, sondern auch Kernphysikern, die Atombomben bauten, wie Edward Teller, war nicht meine gezielte Absicht. Es war aber Grund und Anlass für mich, ein 'passionierter Grenzgänger' zu werden. Mir wurde die eingeprägte Ambivalenz der Forschung deutlich, wie tiefe Einsichten auch unmittelbar zu Kenntnissen führen, die unsere Lebenswelt einscheidend verändern, ja sie zerstören können.

Auch der Gläubige sucht nach Wahrheit. Er sucht sie in der Religion. Er nähert sich ihr in kontemplativer Haltung, in der meditativen Versenkung, erlebt sie in der Öffnung zum Ganzen. „Die Suche nach dem verlorenen Gott" meint auch Wahrheitssuche.

Die Wahrheiten des Wissenschaftlers und des Gläubigen sind verschieden, und doch versuchen sie Antworten auf letztlich dieselbe Frage. Sie spiegeln in gewisser Weise nur unsere doppelte Beziehung zur Wirklichkeit wider. Das die Welt beobachtende Ich-Bewusstsein einerseits und das mystische Erlebnis der Einheit („Unus Mundus") andererseits, charakterisieren komplementäre Erfahrungsweisen des Menschen. Die eine führt zu einer kritisch-rationalen Einstellung, in welcher der Mensch die Welt in ihrer Vielfalt – fast im wörtlichen Sinne – begreifen, sie mit dem eigenen begrifflichen Denken erfassen will. Die andere erschließt sich ihm in einer mystischen Grundhaltung, in der er durch Hingabe und Meditation unmittelbar zum eigentlichen Wesen der Wirklichkeit vorzudringen versucht. Komplementär bedeutet hier: Dass beide möglich sind und sich gleichzeitig ergänzen und ausschließen, wie „Raumerfüllung" und „Zwischenraum" oder im bekannten Vexierbild die „beiden zugewandten Schattenprofile" zu der zwischen ihnen aufgespannten „Vase". Es sind zwei Arten des *Wissens*, das „begreifbare Wissen" und die „Gewissheit um den inneren Zusammenhang", die „Außenansicht" mit der Trennung von Beobachter und dem Beobachteten, und die „Innensicht", die dem Wesen nach immer holistisch ist, wo das Wahrnehmende auch gleichzeitig das wahrgenommene ungetrennte Eine ist. Erfahrung meint beides: Außenansicht und Innensicht.

Die Innensicht ist „näher, inniger, weiter, umfassender, offener, ganzheitlich", wobei diese aus der Außenansicht entlehnten Worte in ihrer strengen Begrifflichkeit ganz unangemessen sind. Metaphorisch verstanden, können sie jedoch auf eine Innenerfahrung deuten.

In der Außenansicht nehmen wir die Welt um uns herum, unsere Mitmenschen und uns selbst auf eine äußerliche Weise wahr. Die Außenansicht ist lebensdienlich, der greifenden Hand angepasst, die wiederum sich an der speziellen Struktur der Lebenswelt entwickelt hat, in die wir existenziell eingebettet sind. Handeln ist zweiwertig: Ich greife oder ich greife nicht, ich habe oder ich habe nicht. Das eine schließt das andere aus. So auch unsere Wahrnehmung der Wirklichkeit: Sein oder Nichtsein. Unser fragmentierendes Denken, unsere begriffliche Sprache hat sich in dieser auf Handlung orientierten Welt herausgebildet. Deshalb auch das Zweiwertige unseres Denkens: Richtig oder falsch, *tertium non datur*. Dieses zweiwertige Ordnungsschema braucht jedoch nicht der Struktur der eigentlichen Wirklichkeit zu entsprechen, sondern ist zunächst für uns lebensdienlich in dem Sinne, dass es ein für unser Überleben wichtiges Handeln wirksam unterstützt. Doch ist äußere Erfahrung letztlich wieder nur als innere Erfahrung, durch spontane Evidenz spürbar. Auch dort ist nur Gewissheit, wenn es in mir tönt: Es ist so! Ja, ich habe verstanden! Es gibt nichts, was durchgängig bewiesen werden kann, sondern alles mündet am Ende in unmittelbare Erfahrung, die ich durch Identifizierung außerhalb allem Dualismus als schlicht wahr erlebe.

Die unauftrennbare Innensicht erlaubt keine zweiwertige Unterscheidung. Es gibt kein Wissen, doch auch kein Unwissen. Vielleicht Weisheit, die über beiden schwebt, als unscharfer Abdruck des äußeren Wissens im Inneren; und mit einer Unschärfe, die sich nicht im Mangel an Schärfe erschöpft, sondern erst die Möglichkeit eröffnet, Gestalt wahrzunehmen: Vertrautheit, Sinnhaftigkeit, Wert-Ordnung.

Unsere Vorstellung von der Wahrheit ist durch die Polarität der Außenansicht deformiert: Wahr oder nicht-wahr? Wahrheit ist allgemeiner, sie braucht nicht unbedingt diese lebensdienliche Zweiwertigkeit. Wahrheit kann offener sein, sich auch in einem Sowohl/Als-auch verdeutlichen, ohne dabei ihre Gewissheit einzubüßen. Es fehlt uns die Sprache, dies ausdrücken zu können, da Sprache primär der Außenansicht zugeordnet ist. Wir ahmen dieses Sowohl/Als-auch nach, indem wir, wie mit dem Finger darüberstreichend, seine *Gestalt* punktweise zu ertasten suchen. Das ganzheitliche Sowohl/Als-auch erscheint dann in unserer kritisch rationalen Vorstellung als vielfältige, nebeneinander liegende Entweder/Oders, deren Synthese die Gestalt imitiert, ohne je ihre Ganzheit zu erlangen.

In der abendländischen Geschichte stehen die beiden unterschiedlichen Grundhaltungen, der Außenansicht und Innensicht, in einem fruchtbaren Wechselspiel. Sie spiegeln sich in der Spaltung von Wissen und Glauben. Der Rationalismus und später die Aufklärung haben diese Spaltung vertieft und die zweiwertige Außenansicht zur einzig wahren, d.h. der Struktur der Wirklichkeit angemessenen Ansicht erklärt. Sie ist die Basis unserer triumphierenden Wissenschaft. Sie hat uns gelehrt, unsere Mitwelt zu unserem eigenen Nutzen zu manipulieren und Wissen als Machtinstrument zur Herrschaft über Mensch und Natur systematisch zu entwickeln. Die Ausschließlichkeit unseres Denkens: „Wenn das eine richtig ist, kann nicht das andere auch richtig sein, also muss es falsch sein" – hat viel Zank und Streit verursacht, vernichtende Kriege entfesselt und ungeheures Leid über die Menschen gebracht.

Die moderne Physik hat uns gelehrt, dass die Struktur der Wirklichkeit im Grunde eine ganz andere ist, als es die an unserem Handeln und Wissen entwickelte, dominante zweiwertige Struktur der uns direkt zugänglichen Lebenswelt uns suggeriert. Die von uns als allgemeingültig erachtete zweiwertige Außenansicht hat nur begrenzte Gültigkeit. Sie ist nur vergröbertes Abbild einer tieferen Wirklichkeit, deren Züge sich uns besser durch Innensicht offenbaren.

Über prinzipielle Grenzen
naturwissenschaftlicher Erkenntnis

Unsere Wirklichkeiterfahrung ist reicher als die Erfahrung, die uns durch wissenschaftliche Erkenntnisse erschlossen wird. Dies ist offensichtlich für Menschen, die mystische oder religiöse Erfahrungen gemacht haben. Aber dies gilt auch viel allgemeiner, wenn wir an die vielfältigen Erfahrungen denken, die uns Kunst in allen ihren Formen vermitteln kann. Wir werden uns dessen noch intimer und umfassender bewusst, wenn uns das so schwer Greifbare und doch als Betroffene unmittelbar Verständliche anrührt, was wir etwa mit Worten wie Liebe, Treue, Vertrauen, Geborgenheit, Hoffnung oder Schönheit symbolisieren.

Die eindrucksvollen Erkenntnisfortschritte in den Naturwissenschaften haben demgegenüber die besonders in der Aufklärung gehegte Hoffnung verstärkt, dass letztlich und prinzipiell alles in dieser Welt menschlicher Erkenntnis zugänglich sei und der bisher als nicht zugänglich erscheinende Teil sich nur aufgrund seiner größeren Kompliziertheit unseren rationalen Einsichten entzieht. Die aus der rationalen Reflexion geborene Erkenntnistheorie hat jedoch frühzeitig darauf aufmerksam gemacht, dass ein strukturiertes System sehr wohl Untersysteme bewerten kann, aber nicht Systeme, die ihm übergeordnet sind. Wir können nicht unmittelbar begreifen, was das Vermögen unserer Denkprozesse überschreitet. So wie wir den blinden Fleck in unserem Auge nicht ohne einen Kunstgriff wahrnehmen können, weil wir von Geburt an an ihn gewöhnt sind, so fällt es uns schwer, ohne besondere Hinweise die Beschränkungen unserer gewohnten Einsicht zu erkennen. Diese Beschränkungen sollen nicht nur als ärgerliche Hindernisse gesehen werden: Für das Überleben unwesentliche Informationen nicht wahrzunehmen, ist höchst lebensdienlich.

Diese Überlegungen sollen zeigen: Es ist grob unzulässig und falsch, unsere Wahrnehmung der Wirklichkeit mit der Wirklichkeit schlechthin gleichzusetzen. Genau dies passiert jedoch, wenn wir wissenschaftliche Erkenntnis als allumfassend betrachten.

Ich möchte diese offensichtliche Aussage mit einem Gleichnis des englischen Astrophysikers Sir Arthur Eddington verdeutlichen. Eddington vergleicht einen Naturwissenschaftler mit einem Ichthyologen, einem Fischkundler, der seine Welt erforschen will. Diese Forschung besteht darin, dass er auf das Meer hinausfährt und Fische fängt. Nach vielen Fischzügen und sorgfältigen Überprüfungen seiner Beute gelingt ihm die Entdeckung des ersten Grundgesetzes der Ichthyologie: „Alle Fische sind größer als fünf Zentimeter!" Er nennt dies ein Grundgesetz, weil er bei keinem Fang jemals einen Fisch fand, der kleiner als fünf Zentimeter war, und daraus auf eine Allgemeingültigkeit des Befundes schließt. Auf dem Heimweg trifft er seinen besten Freund, den ich den Metaphysiker nennen will, und erzählt ihm von seiner großen wissenschaftlichen Entdeckung. Der entgegnet ihm: „Das ist doch gar kein Grundgesetz! Dein Netz ist einfach so grob, dass dir die kleineren Fische stets durch die Maschen gehen." Aber der Ichthyologe ist durch dieses Argument überhaupt nicht beeindruckt und antwortet entschieden: „Was ich mit meinem Netz nicht fangen kann, liegt prinzipiell außerhalb fischkundlichen Wissens, es bezieht sich auf kein Objekt der Art, wie es in der Ichtyologie als Objekt definiert ist. Für mich als Ichtyologe gilt: „Was ich nicht fangen kann, ist kein Fisch!"

Auf die Wissenschaft angewendet, bedeutet dieses Gleichnis: Um wissenschaftliche Erkenntnisse zu etablieren, benützen wir Wissenschaftler immer ein Netz, obwohl die meisten von uns sich über die Existenz und die Art des Netzes nicht im Klaren sind. Dieses Netz symbolisiert nicht nur das methodische, sondern vor allem auch das gedankliche Rüstzeug, mit dem wir wissenschaftlich arbeiten. Unser wissenschaftliches Denken ist – wie alles Denken – immer fragmentierend und analysierend. Alles, was wir untersuchen und verstehen wollen, zerlegen wir. Das ist auch in unserer Lebenswelt eine sehr vorteilhafte und erfolgreiche Methode, an komplizierte Dinge heranzugehen. Unsere fragmentierende Denkweise ist selbstverständlich nicht zufällig. Sie hat sich in einer langen stammesgeschichtlichen Evolution langsam herausgebildet, und dies nicht im Hinblick auf ihre Eignung, die komplizierte Wissenschaft über die Welt im Großen und Kleinen zu treiben, sondern zunächst einmal vor allem, um uns Menschen auf dieser Erde unter den hier vorgegebenen äußeren Umständen eine Überlebenschance zu geben. Das heißt grob gesagt: Unser Denken ist dafür angepasst, den Apfel am Baum wahrzunehmen und zu greifen, mit dem wir uns ernähren, und nicht dazu, Atomphysik zu treiben. Wenn wir es trotzdem tun, dürfen wir uns nicht wundern, dass die Atome für uns letztlich immer so wie kleine Äpfel aussehen, weil dies die einzige Art und Weise ist, wie wir uns die Wirklichkeit anschaulich vorstellen können.

Dass wir bei unserer Beschreibung der Wirklichkeit immer mit einem Netz arbeiten, also notwendig ein Bezugssystem benützen müssen, war den Philosophen schon immer bekannt. Die Relevanz dieser Erkenntnis wurde dann aber dramatisch deutlich, als man in der Physik zu verstehen suchte, welche Bewandtnis es eigentlich mit den kleinsten Bausteinen der Materie hat, die man als unteilbar vermutete und deshalb Atome nannte und heute eher mit den Elementarteilchen oder noch kleineren Einheiten identifiziert. Zum großen Erstaunen entdeckte man, dass wenn man einem solchen winzigen Teilchen experimentell nachspürt, sich dieses bei einem Experiment tatsächlich wie ein Partikel gebärdet, bei einem anderen Experiment sich aber dann auf einmal wie eine Welle verhält. Je nach Messmethode offenbart sich also dasselbe „Objekt" in zwei verschiedenen Erscheinungsformen, die im Rahmen unserer üblichen Objekt-Vorstellung auf keine Weise miteinander in Einklang gebracht werden können. Es ist uns selbstverständlich geläufig, dass wir, wenn wir vor einem Haus stehen, je nachdem ob wir es von vorne oder von der Seite ansehen, zwei recht verschiedene *flächige* Bilder vor uns haben. Wir können diese beiden Ansichten leicht widerspruchslos durch eine *räumliche* Vorstellung des Hauses versöhnen, in der die beiden Bilder dann verschiedenen Projektionen entsprechen. Im Gegensatz dazu gibt es aber bei einem Teilchen der Mikrowelt keine Möglichkeit, die Vorstellung eines Partikels und einer Welle in Form etwa eines „Wellikels" oder dergleichen so zu vereinigen, dass wir es uns auch noch anschaulich vergegenwärtigen können.

Dieses Beispiel zeigt uns, dass eine Beobachtung nur unzureichend mit der Metapher eines Fischernetzes beschrieben werden kann, das im Wesentlichen nur eine Auswahl („größer als fünf Zentimeter") unter den Fischen trifft und deshalb den Charakter einer Projektion besitzt. Denn der Akt der Beobachtung führt darüber hinaus auch zu einer Qualitätsänderung (Partikel oder Welle) des Beobachteten, zu einer Deformation der dahinterstehenden nicht-begreifbaren Wirklichkeit. Wenn wir etwas bewusst wahrnehmen, oder verschärft wenn wir Wissenschaft treiben, dann verwenden wir also nicht nur ein Netz, sondern mehr so etwas wie einen Fleischwolf: Wir stopfen oben die Wirklichkeit hinein, drehen herum und heraus kommen unten je nach Lochscheibe verschiedenartige Würstchen. Naiv schließen wir daraus: Die Wirklichkeit besteht aus bestimmten Würstchen. Das stimmt aber nicht, wenn ich es mit dem oben Hineingestopften vergleiche. Das Ergebnis unserer Beobachtung (die „Würstchen") ist wesentlich ein Produkt der speziellen Art der Beobachtung, der Wahrnehmung, des Erkenntnisaktes und kein getreues Abbild der dahinter verborgenen oder vermuteten „eigentlichen Wirklichkeit".

Die experimentellen Befunde der modernen Physik – und dort anfänglich gerade auf einem Gebiet, der Mechanik, wo alles als recht simpel und übersichtlich galt und sich überzeugend einfache Naturgesetze ermitteln ließen – haben uns also zur überraschenden Einsicht gezwungen: *Alles, was wir durch direkte Beobachtungen oder durch Abstraktion unserer Wahrnehmungen als Wirklichkeit betrachten und in der Naturwissenschaft als (stoffliche) Realität beschreiben, darf in dieser Form nicht mit der eigentlichen Wirklichkeit, was immer wir darunter verstehen wollen, identifiziert werden.*

Mit dieser Sprechweise verwenden wir allerdings die idealistische Sprechweise des Metaphysikers, gegen die sich der positivistische Ichtyologe verwahrt, indem er etwa antwortet: „Du magst ja recht haben, vielleicht gibt es in irgendeinem Sinne diese kleineren Fische, aber warum soll mich das interessieren? Es ist doch vernünftig und für unsere menschliche Kommunikation wesentlich, sich auf das zu beschränken, worüber ich mich objektiv und eindeutig mit anderen verständigen kann. Im Übrigen, ganz praktisch gesehen, wenn ich auf den Markt gehe, um meine Fische zu verkaufen, hat mich noch nie jemand nach einem Fisch gefragt, den ich nicht fangen kann." Diese letztere Argumentation ist uns gerade heute sehr geläufig: Die Ökonomie legt prinzipiell keinen Wert auf Dinge, die man nicht tauschen und nicht vermarkten kann.

Die Reduktion der Wirklichkeit auf das objektiv Feststellbare ist vom pragmatischen Standpunkt aus vorteilhaft. Es wird keine unentscheidbaren Streitereien geben. Aber es bedeutet noch lange nicht, dass das prinzipiell Unbegreifbare nicht wesentlich für unsere persönlich erfahrbare Wirklichkeit sein muss. Wissen wir doch: Der Mensch lebt nicht vom Brot alleine! Wir alle erleben täglich, dass unsere unmittelbare Erfahrung viel reicher und umfassender ist, als was wissenschaftlich begriffen und bewiesen werden kann. Überlegen Sie selbst, entspricht nicht das meiste, was uns wirklich wichtig und wesentlich im Leben ist, „Fischen, die wir nicht fangen können"? Und warum sollen wir nicht diese „Gewissheit" in gewisser Weise auch als Ausdruck eines (offeneren) „Wissens" auffassen, obwohl wir es nicht begreifen können. Hier bietet sich also die Möglichkeit, dem Religiösen, dem Numinosen, dem intuitiv und auch künstlerisch Erfahrbaren wieder einen eigenständigen Wert zuzuordnen und ihnen, entsprechend ihrer Bedeutung und neben dem naturwissenschaftlich Beweisbaren, eine angemessene Rangordnung in unserem persönlichen Leben und im Rahmen unserer Gesellschaft zu geben.

Viele bestreiten heute diese Ansicht und betrachten die gegenwärtige Situation nur als ein Zwischenstadium einer sich weiter beschleunigenden geistigen Evolution, der keine Geheimnisse auf Dauer verschlossen bleiben werden. Gegen unser Ichtyologen-Gleichnis würden sie einwenden, dass es für die Anwendung auf unsere Wirklichkeit zu primitiv wäre. Der Mensch sei, meinen sie, doch ein viel intelligenterer und einfallsreicherer Ichthyologe, der sehr schnell lernen würde, auch mit Netzen geringerer Maschenweite zu fischen. Damit haben sie zweifellos recht. Das Netz ist hier als Gleichnis zu einfach. Aber dies ändert nichts an der prinzipiellen Aussage: Was immer wir auch tun, wir brauchen irgendwelche Netze, um zu fischen. Wir können nicht die Wirklichkeit, über die wir in der Außenansicht sprechen, ohne ein Netz beschreiben, und deshalb sind wir immer in dieser Beschränktheit drinnen. Netze, die beweisbares Wissen möglich machen, definieren gleichzeitig auch die prinzipiellen Grenzen dieses Wissens, und zwar Grenzen im Sinne einer 'border' nicht nur einer 'frontier'. Die Wissenschaft basiert auf fragmentierendem Denken.

Die sogenannte exakte oder quantifizierende Wissenschaft geht sogar noch ein Stück weiter. Sie formuliert, wie unser Ichtyologe, Aussagen wie: Ein Fisch ist größer als fünf Zentimeter. Die Aussage ist letztlich nur *fünf*, eine Zahl in einer Beziehung zwischen einem Fisch und einem Stück Holz, das als Messlatte dient. Die *wissenschaftliche* Aussage sagt hier nichts darüber, *was* ein Fisch und *was* ein Stück Holz ist, die ich beide nicht verstehe. Die Aussage erschöpft sich im „wie" und verschweigt das „was". Durch diese Beschränkung ist Quantifizierung und durch Zahlen bemessene Exaktheit und, als weitere Konsequenz, die mathematische Formulierung der exakten Naturwissenschaften möglich. Obgleich die moderne Wissenschaft eindrucksvoll zeigt, dass sehr vieles vom „was" seine Erklärung in einem „wie" findet, ist doch gut nachvollziehbar, dass die so reduzierte Wirklichkeitsbeschreibung nur noch sehr bedingt mit der größeren Wirklichkeit zu tun hat, in die sie eingebettet ist. Diese Einsicht ist wichtig für einen konstruktiven Dialog zwischen Naturwissenschaft und Religion. Sie ist andererseits auch als Hinweis wertvoll, dass auch Religion, in ihrem verständlichen Bestreben, ihre Botschaften schärfer und einprägsamer zu fassen und der damit verbundenen Neigung, metaphorisch Zeigendes durch eindeutig Begreifbares zu fixieren, ihr eigentliches Ziel verfehlen muss.

Vom klassisch-atomistischen zum modern-holistischen Weltbild

Eine Unterscheidung zwischen der wissenschaftlich erkennbaren und beschreibbaren Wirklichkeit und der durch allgemeinere Erfahrungen bedingt zugänglichen eigentlichen Wirklichkeit mag einleuchtend klingen. Sie bleibt als solche unbefriedigend durch die Unbestimmtheit, wie die wissenschaftliche Wirklichkeit in die eigentliche eingebettet erscheint. Die Beziehung zwischen wissenschaftlicher und eigentlicher Wirklichkeit kann jedoch nicht willkürlich sein, kein „anything goes", nicht blinde, strukturlose Pluralität, die absolute Flachheit symbolisiert. Wir sollten jedoch auch nicht erwarten, auf die Frage, was dieser Beziehungsstruktur zu Grunde liegt, im Rahmen unseres Denkens eine schlüssige

Antwort zu finden. Denn eine höhergeordnete Struktur lässt sich niemals aus den ihr nachgeordneten Teilstrukturen vollständig und eindeutig synthetisieren und verstehen: Das Ganze ist mehr als die Summe seiner Teile. Deshalb erfordert ein tieferes Verständnis, dass wir mit dem Ganzen beginnen. Ein Zugang zum Ganzen scheint sich uns zunächst nur durch unsere Innensicht, durch meditative Versenkung und durch einen intensiven Dialog mit anderen, die den gleichen Weg eingeschlagen haben, zu eröffnen. Einen anderen, andersartigen Zugang könnte jedoch vielleicht auch ein neugieriger Blick über die Grenze des Wissbaren, so wie sie uns von der modernen Physik aufgezeigt wird, bieten. Auf eine solche kleine Reise zur Grenze möchte ich Sie jetzt kurz mitnehmen.

In unserem Ichtyologen-Gleichnis ist es das *Netz*, das Wissen erst ermöglicht und gleichzeitig die prinzipielle Beschränkung erzwingt. In der Parabel ist das Netz noch ein Fremdling, dessen Herkunft unbestimmt und willkürlich bleibt. Das ist es selbstverständlich nicht. Es wurde vom Fischer in seinem Überlebenswillen als erfolgreichste Methode unter vielen anderen Fischfang-Versuchen letztlich ausgewählt. Das Netz ist also auch ein Teil des großen Ganzen und seiner speziellen Struktur, zu der die Fischwelt und der Fischer gemeinsam gehören. Es ist deshalb aufschlussreich, kurz einmal einen Blick auf die im Vergleich zur klassischen Physik radikal veränderte Beziehung zu werfen, in der die Teile zu ihrem Ganzen in der modernen Physik stehen sollen.

Die Welt in der Beschreibung der alten, *klassischen Physik* existiert in Raum und Zeit. Raum und Zeit spielen jedoch eine ganz unterschiedliche Rolle. Die Welt zeigt eine eigentümliche Zeitschichtung, als wäre sie ein Stoß von Spielkarten. Im augenblicklichen *Jetzt*, das wir Gegenwart nennen, liegt eine Spielkarte aufgedeckt vor uns, ein dreidimensionaler Raum, ein mit unseren

Sinnen spontan austastbares Erfahrungsfeld – und nur dieser gegenwärtige Raum ist uns direkt zugänglich, unmittelbar erlebbar. Dieses augenblickliche Erfahrungsfeld jedoch wird sofort wieder zugedeckt durch einen ähnlichen Raum der nächsten Gegenwart, so dass ich den vergangenen Raum nicht mehr sehe. Als schwacher Fußabdruck ist der vergangene im neuen Raum mir noch teilweise gewärtig. Es ist, als hätte ich vom großen Kartenstoß der Raum-Zeit-Welt die nächste Karte abgehoben, aufgedeckt und über die alte gelegt. Und im nächsten Augenblick ist auch diese von einer nachfolgenden Karte wieder überdeckt. Die Raum-Zeit-Welt, die Wirklichkeit, zeigt sich uns also eigentümlicherweise nicht als Ganzes, sondern immer nur scheibchenweise, Karte um Karte, Schritt um Schritt in einer Folge, die wir Zeit nennen. Wir verstehen eigentlich nicht, warum der 'liebe Gott' uns nicht, ähnlich wie in räumlicher Ausdehnung, auch einen Einblick in die zeitliche Dimension seiner Schöpfung erlaubt, uns also nicht voll die ganzen Karten des Stoßes auf den Tisch legt, sondern uns in jedem Augenblick jeweils nur eine Karte – und die auch nur einmal – zeigt. Es interessiert uns selbstverständlich brennend, was im noch nicht aufgedeckten Kartenstoß verborgen ist. Diese Karten enthalten ja alles, was uns in Zukunft – an Freud und Leid – erwartet.

Die Menschen sind schlau – und einige von ihnen sogar Naturwissenschaftler. Sie schauen sich die jeweils aufgedeckten Karten genau an und dann die nächste und übernächste usw. und entdecken zu ihrer Freude gewisse Regelmäßigkeiten. Da ist z.B. ein Herz-As, die nächste Karte ist eine Herz-2, die nächsten eine Herz-3 und eine Herz-4. Und damit glauben sie, ihre erste große Entdeckung gemacht zu haben: „Ganz einfach, die Welt besteht aus Herzen", weil jede aufgedeckte Karte eine Herz-Karte ist. Bald darauf entdecken sie eine weitere Gesetzmäßigkeit, dass nämlich in jedem Augenblick die Zahl der Herzen um eines zunimmt. Ein besonders kluger Forscher macht deshalb die gewagte

Prognose: „Ich prophezeie, die nächste Karte ist Herz-7", und in der Tat – es ist die Herz-7. Dann erscheint, wie erwartet, Herz-8; und das seherische Genie bekommt den verdienten Nobel-Preis. Die Welt erscheint verstanden, die Struktur der Wirklichkeit entziffert, die Schöpfung, der Kartenstoß, durchschaut: Die Welt besteht aus Herzen in ansteigender Progression. Dicke Lehrbücher werden geschrieben, und alles geht gut, bis Herz-10 überschritten wird: Da kommt eine Überraschung – ein Herz-Bube. Kurzes Erschrecken: „Aha, das Naturgesetz stimmt nicht ganz." Längeres Nachdenken, bis ein Einstein erscheint und das Naturgesetz geeignet verbessert: „Es ist ein bischen komplizierter ... " – und auf diese Weise sind noch eine Reihe von Nachbesserungen nötig, bis man sich an eine mehr oder weniger gute Beschreibung herangerobbt hat.

Ich habe stark vereinfacht und unterschlagen, dass die Folgen der Verbesserungen tatsächlich nicht nur zu quantitativen, sondern auch zu qualitativen Verbesserungen der Prognosen führen. Der Erfolg der Naturwissenschaften war und ist ja triumphal. Die Naturgesetze glaubt man weitgehend entschlüsselt zu haben. Und das bedeutet nicht nur Erkenntnisgewinn: „Wir wissen, was in diesem Kartenstoß drinnen ist!" Dies macht uns auch zu Propheten. Wir können vorhersagen, was in Zukunft passieren wird. Damit glauben wir, unser Leben vorteilhafter für uns gestalten zu können, indem wir entsprechend diesen Hinweisen Gefahren zu vermeiden und unser Umfeld geeignet zu manipulieren versuchen.

Die Schwierigkeit dabei ist allerdings, dass jeder von uns sich plötzlich fragen muss: „Bin ich selbst in dem Stoß drinnen oder bin ich außerhalb?" Wenn ich nämlich selbst mit drinnen bin, dann kann ich überhaupt nichts manipulieren, weil es dann schon feststeht, was ich morgen und übermorgen mache. Diese Vorstellung ist mit unserem stolzen Menschenbild nicht verträglich, und das ist ja auch verständlich, weil wir uns als frei entscheidungsfähige Wesen verstehen wollen. Deshalb die Konstruktion: Der Mensch, als Krone der Schöpfung, ist, weil mit Geist ausgestattet, teilweise auch außerhalb der gesetzlich determinierten Schöpfung, der Natur, angesiedelt und vermöge seiner geistigen Fähigkeiten zum Herrn über die Natur auserkoren. Als Ebenbild Gottes kann er, ähnlich wie Gott in dieser Vorstellung, auch mit diesem Kartenspiel spielen. Ich karikiere selbstverständlich, doch beschreibt dies doch eine heute gängige Weise, unsere Mitwelt zu sehen und mit ihr umzugehen. Wir manipulieren sie wie einen Teil der Schöpfung, dem wir uns selbst nicht zurechnen. Die nichtmenschliche Mitwelt, die Natur, soll wie ein ablaufendes Uhrwerk funktionieren. Den Schöpfer brauchen wir eigentlich nur noch am Anfang, um das Uhrwerk mit seinen Bewegunsgesetzen zu erstellen und es anzuwerfen, sowie um den Menschen zu erschaffen und ihm die Herrschaft über die Erde zu übertragen. Dann ist ER arbeitslos, denn alles läuft dann einfach seine fixierte oder vom Menschen dirigierte, geordnete Bahn.

Die Natur ist stofflich, materiell. Wir können sie zerlegen, ohne dass sie ihre materiellen Eigenschaften verliert. Wir sprechen von kleinsten Teilchen, die sich nicht weiter zerbrechen lassen. Atome, die gewissermaßen unendlich hart sind. Sie sollen die Eigenschaft haben, dass sie im Laufe der Zeit immer mit sich selbst identisch bleiben. Durch die zeitliche Kontinuität der Materie wird so eine Kontinuität der Welt gewährleistet. Die beobachtbaren Veränderungen in der Welt geschehen durch Umordnung dieser kleinsten Teilchen. Wir haben also die Sichtweise: Der Stoff, die Materie ist primär, sie bleibt gleich; die Form, die Gestalt ist dagegen sekundär, sie entsteht durch die Beziehungsstruktur von Stoff, durch die Wechselwirkung der Materie, und ändert sich ständig im Ablauf der Zeit.

Die moderne Auffassung ist ganz anders. Sie kommt zur Erkenntnis, dass die Welt im Allerkleinsten nicht einfach ein verkleinertes Abbild unserer Lebenswelt ist, dass sie nicht die Struktur einer russischen Matryoschka-Puppe hat, die beim Zerlegen im Wesentlichen immer wieder auf Gleiches oder Ähnliches stößt. Ein Atom ist sozusagen kein kleiner Apfel, kein Objekt wie ein winziges Sandkorn, auch kein kleines Planetensystem. Nein, nichts dergleichen: Wenn wir die Materie immer weiter auseinandernehmen, bleibt am Ende nichts mehr übrig, was uns an Materie erinnert. Am Schluss ist kein Stoff mehr, nur noch Form, Gestalt, Symmetrie, Beziehung. Materie ist nicht aus Materie zusammengesetzt!

Was bedeutet das? Wir haben eine Umkehrung: Das Primäre ist Beziehung, der Stoff das Sekundäre. Materie ist ein Phänomen, das erst bei einer gewissen vergröberten Betrachtung erscheint. Stoff ist geronnene Form. Vielleicht könnten wir auch sagen: Am Grunde bleibt nur etwas, was mehr dem Geistigen ähnelt – ganzheitlich, offen, lebendig, Potenzialität. Materie ist die Schlacke dieses Geistigen – zerlegbar, abgeschlossen, determiniert, Realität. In der Potenzialiät gibt es keine ein-eindeutigen Ursache-Wirkungs-Beziehungen. Die Zukunft ist im Wesentlichen offen. Es lassen sich für das, was 'verschlackt', was real passiert, nur noch Wahrscheinlichkeiten angeben. Es gibt keine Teilchen, die unzerstörbar sind, die mit sich selbst identisch bleiben, sondern wir haben ein 'feuriges Brodeln', ein ständiges Entstehen und Vergehen. In jedem Augenblick wird die Welt neu geschaffen, aber im Angesicht, im 'Erwartungsfeld' der abtretenden Welt. Die alte Potenzialiät in ihrer Ganzheit gebiert die neue und prägt neue Realisierungen, ohne sie jedoch eindeutig festzulegen. In diesem andauernden Schöpfungsprozess wird ständig ganz Neues, Noch-nie-Dagewesenes geschaffen. Alles ist daran beteiligt. Das Zusammenspiel folgt bestimmten Regeln. Physikalisch wird es beschrieben durch eine Überlagerung komplexwertiger Wellen, die sich verstärken und schwächen können. Es ist ein Plus-Summen-Spiel, wo Kooperation zur Verstärkung führt, und was interessanterweise auch eine teleologische Ausrichtung (Hamil-tonsches Prinzip der kleinsten Wirkung) imitieren kann. Der zeitliche Prozess ist nicht einfach Entwicklung und Entfaltung, ein „Auswickeln" von schon Bestehendem, von immer-währender Materie, die sich nur eine neue Form gibt. Es ist echte Kreation: Verwandlung von Potenzialität in Realität.

Das mag eine schlechte Nachricht für diejenigen bedeuten, die die Natur manipulieren und letztlich fest 'in den Griff' bekommen wollen. Denn wir können gar nicht genau wissen, was unter vorgegebenen Umständen in Zukunft passieren wird. Und dies – wohlgemerkt – nicht aus noch mangelnder Kenntnis, sondern als Folge der Sowohl/Als-auch-Struktur der Potenzialität, die mehr die lose Verknüpfungsstruktur freier Gedanken hat.

Das ist aber eine gute Nachricht für alle diejenigen, die den Menschen als einen Teil derselben einen großen Wirklichkeit betrachten und erleben, ohne bei dieser Einbindung in das Eine den Menschen und die übrige lebende Kreatur dabei zu leblosen Maschinenteilen reduzieren zu müssen. Die Mitwelt kann von keinem mehr absolut verlässlich manipuliert werden, aber jeder, jede und jedes kann in gewissem Grade an einer Gestaltung der Zukunft kreativ mitwirken.

Auf unser früheres Gleichnis der Welt mit einem Kartenstoß bezogen, besagt dies nun: Es gibt gar nicht diesen vermuteten Stoß von nicht aufgedeckten, fertig bemalten Karten, welche angeblich die Zukunft vorgeben. Der 'liebe Gott' verbirgt uns also nichts in irgendwelcher dunklen Absicht. Jede Karte wird vielmehr erst in dem Augenblick gemalt, in dem sie aufgedeckt wird. Und alles, was in der Welt existiert, was ihr an Potenzialität innewohnt, ist gewissermaßen beim Malprozess der neuen Karte engagiert – auch wir! Es gibt keine strengen Mal-Regeln, wohl aber Regeln des Zusammenwirkens. Deshalb bleibt das Ergebnis unbestimmt, ist aber trotzdem nicht willkürlich. Es entstehen „Gemälde", in denen alten Gewohnheiten gefolgt und gut Gelungenes wiederholt wird. Hier wird auf Kompositionen der alten Karten geschielt und einiges einfach kopiert, was wir dann Materie nennen – wohl bekannt, verlässlich präsent. Materie ist sklerotisierter Geist oder anarchischer Geist, der in seiner Orientierungslosigkeit im Mittel den alten determinierten Gesetzen folgt und damit aus dem eigentlichen Schöpfungsprozess ausgeschieden ist. Doch diese Materie ist nicht nutzlos. Sie liefert solide Bausteine und verlässliche Werkzeuge zum Bau von Kathedralen. Lebewesen unter der Anweisung und Regie des noch nicht versklavten Geistes. Sie stattet die Bühne aus, auf der der nächste Akt des Schöpfungsdramas gespielt wird. Das Wesentliche an diesem Spiel sind jedoch nicht die Arena, die Kulissen und das feste Inventar, sondern das, was noch offen ist, was gestaltet und noch gestaltet werden kann. Auf dieses lebendig Offene, auf die noch nicht vergebenen Rollen im schöpferischen Plus-Summen-Spiel, sollten wir uns eigentlich konzentrieren. Hier besteht noch Möglichkeit der Mitwirkung.

Diese neuen Erkenntnisse vermitteln uns eine total verwandelte Weltsicht.

Die alte (klassisch physikalische) Weltsicht fing noch mit einer Vielzahl von getrennten Objekten an: Atome oder irgendwelche unabhängigen und unverbundenen *Teilchen*, die aufgrund von Wechselwirkungen Stufe um Stufe Gesamtsysteme aufbauen, so dass sie, ihrem Namen gemäß, als Teile und Unterteile dieser Systeme betrachtet werden können. Die ganze Evolution der Welt vom *Urknall,* vor etwa zwanzig Milliarden Jahren, als sich solche *Teilchen* bildeten, kann, grob gesprochen, als ein Prozess der fortschreitenden Ordnung der Vielheiten zu immer komplizierteren Systemen und Systemverbänden bis hin zu den hochdifferenzierten Organisationsstrukturen des Lebendigen und des Menschen verstanden werden. Es bleibt offen, wie aus den vielfältigen Zusammenballungen von ursprünglich isolierter Materie je solche komplexen Gebilde mit den Ausdrucksformen, die wir Leben und Bewusstsein nennen, entstehen konnten, genau so wenig wie ein noch so großer und raffinierter Computer je einem Lebewesen gleichen kann. In dieser Sichtweise scheint die Forderung nach einem Zielpunkt, einem Zug von der Zukunft her, zum Verständnis des Schöpfungsprozesses unentbehrlich.

Im Gegensatz dazu ist die neue Weltsicht im Grunde holistisch, nicht atomistisch: Es existiert eigentlich nur das Eine, das Ungetrennte, das Untrennbare. Doch ist diese Ausdrucksweise falsch, weil sich die Begriffe *Existenz*, *Sein* und das *Seiende* noch zu eng an unserer Erfahrung der Realität, der stofflichen Wirklichkeit, in ihrem ontischen Charakter orientieren. Das untrennbare Eine meint aber Prozesshaftes, Potenzialität, nicht nur die Möglichkeit, sondern auch das Vermögen zur Schaffung von Realität, von greifbar Seiendem. Die zeitliche Evolution besteht in einem fortschreitenden Prozess der Differenzierung dieses Untrennbaren durch *Errichtung von Grenzzäunen* (physikalisch: auslöschende Überlagerung von Potenzialwellen), ähnlich wie bei der Zellteilung einer einzigen Zelle in mehrere durch Neubildung von Zellwänden. Dies imitiert die Entstehung von unabhängigen Subsystemen, die als Teile des Gesamtsystems fungieren und aus denen dieses Gesamtsystem als 'zusammengesetzt' erscheint. Dies ist aber nie der Fall, weil der Zusammenhang viel tiefer geht, so wie etwa die sichtbar getrennten weißen Schaumkronen auf stürmischer See nicht die Betrachtung rechtfertigen, das Meer sei aus Wellen und Schaumkronen zusammengesetzt. Das Sinnstiftende im Zusammenwirken der Als-ob-Teile entsteht immer aus dem Ganzen, das sie einschließt. Dieses Ganze, Eine, ist immer da, ob das Meer *leer*, glatt und ruhig sich ausbreitet oder *voll*, hoch differenziert sich im Sturm wellt. Das Zusammenspiel der Wellen führt zu einer Orientierung, die so aussieht, als gäbe es ein vorgegebenes Ziel.

Auch wir, die wir alle hier im Raum leben, sollten uns nicht vorstellen, dass wir wirklich getrennte Teile dieser Wirklichkeit sind, lose zusammengehalten durch einige Licht-, Laut- und andere von der Physik identifizierbare Signale, die wir uns zur Verständigung wechselseitig zuwerfen. Wir sind alle Teile dieses selben Einen, derselben Potenzialität, auf der wir gemeinsam gründen. Wir spüren dies auch. Wie könnten sonst ein paar hingeworfene Worte und Sätze mit ihrem dürftigen, abzählbaren Informationsgehalt sich in unserem jeweiligen Bewusstsein so reich entfalten. In einer Welt, die sich hauptsächlich auf tatkräftiges Handeln hinorientiert, ist es in der Tat eine brauchbare Approximation, uns Menschen schlicht als getrennte Individuen zu definieren, die übere äußere Kräfte – getragen von energetischen Kraftfeldern – miteinander wechselwirken. Dass diese Näherung unzureichend und höchst mangelhaft ist, erkennen wir heute immer deutlicher an den zerstörerischen Folgen unseres daraus resultierenden unvernünftigen Umgangs miteinander und unserer Mitwelt, bei dem vernachlässigt wird, dass diese Mitwelt ja nichts Äußerliches ist, sondern unsere eigene natürliche Lebensgrundlage darstellt.

Wir haben also ein grandioses Weltbild, das seinen Reichtum der inhärenten Offenheit verdankt, also dem Umstand, dass es eigentlich im alten Sinne gar kein Weltbild mehr ist. Es meint eine Grundbeziehung: Alles wurzelt in einer unauftrennbaren Potenzialitä, die Züge eines holistischen Geistes trägt. Sie ist keine Realität, sondern verhält sich zu ihr wie etwa die Ahnung, die Hoffnung, der Wille zur daraus möglicherweise entstehenden konkreten Handlung. Das Untrennbare spiegelt sich in einer fundamentalen Gemeinsamkeit. Die Evolution im Realen, der Gerinnungsprozess, geht in Richtung auf Auftrennung und Emanzipation. Auch das Erscheinen des Bewusstseins in jedem von uns ist ein Spaltungseffekt: Ich löse mich in einer gewissen und beschränkten Weise aus dieser unauftrennbaren Wirklichkeit heraus und erfahre mich und das andere, die Welt, auf einmal als zwei verschiedene Dinge, wo das eine – das Ich, das mystische Ich – nun auch sich als Ego und der Welt gegenübersteht und sie noch einmal von außen, wie im Spiegel, betrachtet. Die Außenansicht kommt zur Innensicht hinzu, ein Nebeneinander, wodurch Dualität vorgetäuscht wird.

Konsequenzen für unsere Lebenswelt

Lassen Sie mich nochmals auf die Grundfrage zurückkommen. Als Physiker betrachte ich mich als aktiver Vertreter dieser säkularisierten Welt. Als Mensch fühle ich mich dem Umfassenderen verbunden. Dies wird mir die Gelegenheit geben, noch einige Worte der Vorsicht gegenüber meiner vorgetragenen Darstellung einzuflechten, bei der ich mich in der zeit-diktierten Straffung allzu großzügig über wesentliche kritische Feinheiten hinweggesetzt habe.

Die Hauptkritik richtet sich vor allem auf die Frage, inwieweit die tiefen Einsichten eines Atomphysikers, die er in seiner Mikrowelt gewonnen hat, sich überhaupt eignen, auf uns als Menschen und unsere Lebenswelt anwendbar zu sein. Wir wissen allzugut: Wer einen guten Hammer besitzt, sieht die Welt voller Nägel. So wenden, auf meine Vorstellungen bezogen, viele ein: „Da spinntisiert so ein Atomphysiker über Gott, Mensch und Natur, weil er auf der untersten Stufe seiner materiellen Wirklichkeit eine unerwartet starke Vernetztheit und Zusammengehörigkeit, eine holistische Einheit der Welt entdeckt hat. Diese Strukturen der Mikrowelt spielen doch in der viel größeren Mesowelt, in der wir leben, gar keine Rolle. Denn wir wissen doch aus unserem Alltag, dass die Approximation einer objektivierbaren Materie, ihre Auftrennbarkeit, Unterschiedlichkeit und Unabhängigkeit, ausgezeichnet funktioniert. Auf ihr basiert doch unsere langjährig erprobte und höchst erfolgreiche Technik."

Grob betrachtet, ist dies zweifellos richtig. In der Tat hat es die Mikro-Gesetzlichkeit schwer, erkennbar bis in die Mesowelt vorzudringen. Das liegt an der großen Zahl – es sind Billionen mal Billionen – dieser exotischen Mikro-Wesenheiten, die in Objekten unserer Mesowelt enthalten sind. Das lebendige, offene Spiel der Unterstrukturen mittelt sich deshalb einfach in der Regel vollständig heraus.

Wir können das etwa mit einem Ameisenhaufen vergleichen, der beim genauen Hinsehen eine ungeheure Beweglichkeit zeigt. Von weitem betrachtet, sieht er aber wie ein statischer Kegel aus. Dass sich dieses Gewimmel nicht auch im Großen ausprägt, liegt selbstverständlich daran, dass für jede Ameise, die in einer Richtung läuft, es immer auch eine andere gibt, die das Umgekehrte macht, weshalb im Durchschnitt keine Bewegung im Ganzen übrig bleibt.

Unsere Mesowelt ist also eine statistisch ausgemittelte Mikrowelt. Dass diese Ausmittelung so vollständig gelingt, liegt wesentlich am sogenannten „Zweiten Hauptsatz der Thermodynamik". Das Schwierigste an diesem wichtigen Grundgesetz der Physik ist sein Name. Er sagt nämlich im Wesentlichen aus, dass in einem sich selbst überlassenen System jede Besonderheit, jedes Ausgezeichnetsein im Laufe der Zeit zerstört wird und sich in Unordnung auflöst. Sie können das täglich an Ihrem Schreibtisch beobachten. Aus einem Ihnen unverständlichen Grunde wird er immer unordentlicher und nie ordentlicher – das ist der „Zweite Hauptsatz der Thermodynamik". Deshalb verstehen wir nicht, wie es in einer Natur mit ihrem starken Hang zu Unordnung überhaupt dazu kommt, dass bei der Evolution so hochdifferenzierter Systeme wie uns Menschen oder den vielfältigen Organismen des Biosystems die Unordung sich nicht durchsetzen konnte. Was ist denn da passiert? Hat die Natur für ihren lebendigen Teil nicht doch eine Ausnahmeregelung beim „Zweiten Hauptsatz", bei einer höheren Instanz erwirkt?

Nach heutiger Einsicht scheint es keine solche Ausnahmeregelung zu geben. Die unbelebte und die belebte Natur basieren auf derselben Art von Prä-Materie, die im Grunde eigentlich keine Materie ist und dieser viel offeneren und gewissermaßen lebendigen Dynamik folgt. Aber diese Prä-Materie kann sich auf verschiedene Art organisieren.

Einmal geschieht die Organisation ganz ungeordnet und unkorreliert. Dann wird das resultierende Gesamtsystem stumpf, langweilig und apathisch. Es trägt die Züge der unbelebten Materie. Wir schätzen diese geronnene Form, diese Schlacke, wegen ihrer Verlässlichkeit. Wie der Tisch vor mir – ich wende mich ab von ihm – drehe mich wieder zu ihm – und er ist immer noch da, in gleicher Form, an gleicher Stelle – es ist ihm nichts anderes eingefallen in der Zwischenzeit. Wir schätzen die Materie wegen ihrer steten Bereitschaft, sich von uns widerspruchslos manipulieren zu lassen. Sie dient uns als Werkzeug und Baustoff; und das schätzen wir: Etwas Verlässliches, das uns bedingungslos gehorcht, das keinen eigenen Willen entwickelt.

Aber wenn sich diese Prä-Materie auf raffiniertere, geordnetere, differenziertere Weise zu einem Gesamtsystem formiert, dann können Strukturen entstehen, in denen das im Grunde embryonal Lebendige auch in der Mesowelt zum Ausdruck kommt und zum lebendigen Organismus wird. Die eingeprägte Potenzialität wird makroskopisch sichtbar. Dazu braucht es aber eine enorme Verstärkung. Das Gesamtsystem muss weit weg von seinem Gleichgewichtszustand sein, um ein Ausmitteln seiner inneren Lebendigkeit zu vermeiden.

Stellen Sie sich ein physikalisches Pendel vor, ein herabhängender, beweglicher Stab mit einem Gewicht unten. Es pendelt beim Anstoßen vorhersehbar und berechenbar um seine untere stabile Gleichgewichtslage. Drehe ich jedoch Stab und Gewicht weit weg vom unteren stabilen Gleichgewicht in die oberste Lage, so gibt es dort eine weitere Gleichgewichtslage, die aber instabil ist. Wir wissen nicht, ob das Pendel auf die eine oder andere Seite herunterfallen wird. In diesem Instabilitätspunkt kann das System die inhärente Lebendigkeit sichtbar werden lassen, weil es von winzig kleinen Störungen abhängt, ob es zu dem einen oder anderen Bewegungsablauf veranlasst wird. Das ist nur ein primitives Beispiel. Die Naturwissenschaft kennt viele Systeme mit solchen eingeprägten dynamischen Instabilitäten. Sie führen zu einem, wie man sagt, 'chaotischen' Bewegungsverhalten. Kleine Veränderungen in den Ursachen bewirken hier extreme Unterschiede in den Folgen: Der Schlag eines Schmetterlingsflügels kann einen Taifun auslösen!

Leben – belebte makroskopische Organismen – erfordern Strukturen in der Nähe von inhärenten Instabilitäten. Aber Instabilitäten kippen. Um sie lange in der prekären Balance zu halten, müssen sie dauernd nachjustiert werden. Dies erfordert eine 'intelligente' Zuführung von Energie. Diese Systeme brauchen ständig eine 'ordnende, austarierende Hand'. Diese Situation steht also nicht im Widerspruch zum „Zweiten Hauptsatz", der dominanten Tendenz zur Unordnung. Denn es ist ja auch unsere ordnende Hand, die am Wochenende unseren Schreibtisch immer wieder in Ordnung bringen kann. Dazu ist (arbeitsfähige) Energie nötig – sie wird von der Hand gereicht. Aber die Hand darf dabei nicht nur werkeln, sie muss auch darauf achten, was sie tut. Sie muss intelligent sein, denn sonst beschleunigt sie nur den Prozess zur Unordnung.

Lebendige Systeme brauchen deshalb Nahrung, gespeicherte Sonnenenergie, doch auch Intelligenz, eine *geistige* Führung, die prinzipiell im immateriellen Form-Grund verankert ist und sich in der Milliarden Jahre langen Evolution des Biosystems durch ein Plus-Summen-Spiel in komplexen Verästelungen immer höher differenziert hat. Die von der Sonne zugestrahlte hochgeordnete Energie ist letztlich der Motor für die Entwicklung des Lebens auf der Erde. Sie wird aber nur zu einer ordnenden Hand, wenn ihre Energie sich von der kreativen Potenzialität im Hintergrund leiten lässt, die vermöge von Instabilitäten in die Mesowelt durchstoßen kann. Unsere heutige ökologische Krise hängt wesentlich damit zusammen, dass wir diesen tieferen Zusammenhang nicht würdigen. Wir lassen uns immer noch von der veralteten Vorstellung leiten, wir, als Geist-begabte Menschen, stünden außerhalb einer nur materiellen Natur, die für uns nur Werkzeug, Steinbruch und Müllkippe ist. Wir verkennen, dass wir ein *Teil* eines gemeinsamen größeren, komplexen Systems und auf hochsensible Weise in dieses eingebunden sind. Dieses größere komplexe System basiert auf einer unauftrennbaren Potenzialität, die für uns *unbegreiflich* bleibt. Potenzialität bietet aber die Möglichkeit, in *Teilen* zu Realität zu gerinnen und zu dem zu führen, was wir in unserer Außenansicht und mit unseren Sinnen als äußere Schöpfung wahrnehmen.

Hat nicht diese holistische Potenzialität, diese unauftrennbare Ur-Lebendigkeit, zu der ich nur durch Innensicht unmittelbaren Zugang habe, eine tiefe Verwandtschaft zu dem Göttlichen, von dem die Religionen sprechen? Der Schöpfer ist mit dem Urgrund der Schöpfung identisch. Aber, was wir gewöhnlich als Schöpfung durch Außenansicht erfahren, ist nur die materielle Schlacke dieser geistigen Urdynamik.

Das Lebende lebendiger werden lassen

In einer Diskussion, die ich einmal mit Paul Watzlawick führte, ging es mehr um philosophische Fragen. Was können wir wirklich wissen? Was ist Wirklichkeit? Auch für die Frage nach dem „Lebendigen" werde ich mit etwas Allgemeinem beginnen, das ich für wichtig halte, weil es die Grundlage unseres Denkens ist, auf deren Basis wir dann handeln müssen.

Ich bin nicht Theologe, sondern Naturwissenschaftler, und nicht nur Naturwissenschaftler, sondern einer von jenen Naturwissenschaftlern, die man Atomphysiker, Kernphysiker oder Elementarteilchenphysiker nennt. Der Atomkern ist für uns etwas ganz Großes – und wir sprechen vom wirklich Kleinen noch dazu in einer ganz anderen Sprache als der gewohnten. Aber ich will jetzt nicht diese Sprache verwenden, die für die meisten von Ihnen nicht verständlich wäre, und auch nicht irgendwelche tieferen Erkenntnisse der Physik voraussetzen.

Drewermann spricht von dem Unbegreiflichen, das den Religionen zugrunde liegt. Ich fange mit dem Greifbaren an, das für uns noch verständlich ist. Aber auch ich werde nicht lange bei der

Materie bleiben, die mein Ausgangspunkt ist, die wir greifen und begreifen und uns so in dieser Welt orientieren.

Es gibt keine Materie!

Ich habe als Physiker fünfzig Jahre lang – mein ganzes Forscherleben – damit verbracht zu fragen, was eigentlich hinter der Materie steckt. Das Endergebnis ist ganz einfach: Es gibt keine Materie! Ich habe somit fünfzig Jahre an etwas gearbeitet, was es gar nicht gibt. Das war eine erstaunliche Erfahrung: Zu lernen, dass es das, von dessen Wirklichkeit alle überzeugt sind, am Ende gar nicht gibt. Immerhin hat es sich gelohnt, diesen langen Weg zu gehen. Aber Sie müssen diesen Weg jetzt nicht nachvollziehen, sondern ich will ihnen eine Abkürzung zeigen. Was fühlt ein Naturwissenschaftler, wenn er plötzlich erkennt, dass es das, was er für die Grundlage der Naturwissenschaft hält – nämlich Materie, die wir alle greifen können – gar nicht gibt? Wir sind trotzdem nicht deprimiert, denn das ermöglicht Einsichten, die für uns alle, für unser Weltbild und unsere Überzeugungen wichtig sind.

Wir werden dann aber nicht an diesen allgemeinen Grundlagen hängenbleiben, so aufregend sie sein mögen, sondern auch die Frage stellen, was für uns daraus folgt, welche Konsequenzen wir daraus für die jetzige Situation ziehen können, die so voller Krisen ist. Denn diese Krisen hängen alle damit zusammen, dass wir eine völlig falsche Vorstellung von der Welt haben. Wir haben uns in ein enges Weltbild hineindrängen lassen, in dem es keine Lösungen gibt. Das liegt daran, dass wir uns selbst gefesselt haben.

Aus diesen Fesseln eines engen Weltbildes müssen wir herauskommen. Wir brauchen Lebensimpulse, wir brauchen die Bereitschaft, wieder Leben in eine verknöcherte Welt hineinzubringen, aus der es scheinbar keinen Ausweg mehr gibt. Viele haben den Eindruck, wir gehen unserem Untergang entgegen und können nichts dagegen machen. Aber wir können sehr wohl aus dieser

Enge herauskommen, wenn wir wirklich verstehen, dass wir gar nicht in einer Sackgasse sind. Wir müssen nur ein paar Zäune überspringen – und dann sind wir in der freien Natur und können uns wieder bewegen. Viele glauben, es sind unüberwindliche Mauern und sehen gar nicht, dass es bloß Zäune sind, die man nur überspringen muss. Der Weg zu diesen Lösungen heißt Entkrampfung, Lockerung, Öffnung oder Befreiung von diesen Fesseln. Unserem Leben wieder die Lebendigkeit zurückzugewinnen, die wir brauchen, um aus dieser Enge herauszukommen.

Das heißt aber letztlich auch, dass wir wieder die spirituelle Dimension unserer Existenz erkennen müssen, die wir verdrängt haben. Wir müssen dazu keine Esoteriker werden, sondern Spiritualität ist etwas ganz Bekanntes, zu dem wir alle Zugang haben, obwohl viele es vielleicht noch gar nicht bemerkt haben. In diese Richtung führen auch die naturwissenschaftlichen Überlegungen, die uns haben erkennen lassen, dass nicht die Materie das Fundament unserer Wirklichkeit ist.

Das kann ich jetzt schon vorwegnehmen: Das Fundament unserer Wirklichkeit ist nicht die Materie, sondern etwas Spirituelles, das gar nicht begreifbar ist. Schon der Ausdruck Fundament ist falsch, denn „Fundament" ist an die Vorstellung von „Substanz" gebunden. Besser sollte man sagen: Im Grunde unserer Wirklichkeit ist kein Fundament, sondern eine Quelle, etwas Lebendiges. Deshalb ist es unsere Aufgabe, diese Lebendigkeit zu erkennen, um wieder den Freiraum zu gewinnen, in dem wir unsere Probleme suchen und lösen können. Mit dieser Orientierung kann ich mich sogar als Physiker an das Leitthema „Lebensimpulse" anschließen. Durch Lebensimpulse sollten wir uns aus dieser weltanschaulichen Enge, aus diesem selbst auferlegten Zwang zu befreien suchen.

Neuorientierung und Zukunftsfähigkeit

Was uns alle täglich bedrängt, unsere zentrale Aufgabe, ist die Frage der Zukunftsfähigkeit, eine Frage des Überlebens der Menschheit. Das ist es auch, was man Nachhaltigkeit nennt, die gesellschaftliche Herausforderung unserer Zeit. Es geht um Zukunftsfähigkeit, die dann vorhanden ist, wenn wir die Fesseln unseres zu engen Weltbildes abstreifen. Wir brauchen dazu eine neue Orientierung und auch die Fähigkeit, zu handeln und zu gestalten. Diese Fähigkeit, Dinge verändern zu können, haben wir tatsächlich. Allerdings nicht mehr im Rahmen der alten Weltvorstellung, in der wir uns wie ein Rädchen in einer Maschine verstehen müssen, sondern wir haben wirklich schöpferische Fähigkeiten, und wir sollten sie auch gebrauchen.

Wenn wir diese Fähigkeiten besitzen und diese Veränderung unserer Gesellschaft wollen, dann stellt sich die Frage: Wer sind die Akteure, die das bewirken können? Diese Frage ist gar nicht so einfach zu beantworten. Viele haben ganz gute Vorstellungen davon, was man machen müsste. Aber wer macht es wirklich? Wie setzt man das durch? Welche Art von Menschen benötigen wir dazu? Die Lösung ist aber gar kein großes Geheimnis: Es sind wir alle, die es tun müssen. Wir dürfen uns nicht darauf verlassen, dass da irgendwelche Kräfte von außen kommen, etwa aus der Regierung oder der Wirtschaft. Die sind uns eher dabei im Wege. Aber wir können vielleicht einige davon überzeugen, dass sie dort mitmachen, wo der Mensch im Mittelpunkt steht und nicht die Technik. Wenn wir der Technik hinterherlaufen, dann vergessen wir dabei zu leben.

Die gesellschaftlichen Herausforderungen teilen sich in äußere und innere. Die äußeren zeigen sich dadurch, dass das Wirtschaftsgeschehen zu einer Destabilisierung führt. Das wird nicht absichtlich herbeigeführt, aber unabsichtlich kommen wir in einen Teufelskreis, aus dem wir kaum mehr herauskommen. Es ist wirklich ein Teufelskreis, der sich dadurch auszeichnet, dass es in ihm die Werkzeuge nicht mehr gibt, mit denen man aus dem Kreis aussteigen könnte. Daher muss uns etwas genial Neues einfallen, um aus diesem Kreis auszusteigen.

Ein offenes Problem ist, dass wir dabei sind, unsere natürlichen Lebensgrundlagen zu zerstören. Viele glauben noch immer, dass die Menschheit gewissermaßen über der Natur schwebt und wir machen können, was wir wollen. Sie sehen nicht, dass wir als Menschheit in ein größeres Ganzes eingebettet sind. Wenn wir dieses größere Ganze zerstören, sind wir die Ersten, die abstürzen werden. Das müssen wir sehen.

Ein anderes Problem ist, dass Gerechtigkeit und Frieden heute weiter entfernt sind als je zuvor, und wir wissen nicht recht, wie wir da herauskommen. Die meisten halten Gerechtigkeit und Frieden für eine ganz irreale Vision. Sie glauben, dass die Wirklichkeit so ist, wie sie ist, und dass es am Schluss immer ungerecht und friedlos zugeht. Eine Natur, in der am Ende immer nur der Mächtigste überlebt und die anderen einfach zugrunde gehen. Das sind aber grundfalsche Vorstellungen, die mit unserem falschen Menschen- und Weltbild zusammenhängen.

Schwer wiegt auch der Verlust der geistigen Dimension. Viele wissen gar nicht mehr, was die geistige Dimension ist. Aber wir können – auch heute – in dieser Welt gar nicht von dem leben, was greifbar ist. Viele behaupten, sie wären ganz rational, sie glauben nur, was sie beweisen können. Aber es ist gar nicht möglich, auch nur eine Sekunde so zu leben! Viele glauben, sie hätten alles verstanden. Sie haben aber nichts verstanden – und trotzdem leben sie weiter, weil im Hintergrund doch etwas ist, das uns immer noch den Weg zeigt. Das Herz schlägt weiter, auch wenn man nicht daran glaubt, dass es schlägt. Das dürfen wir nicht als geistige Dimension betrachten, aber es ist etwas im Hintergrund, eine Beziehungsstruktur, die diese Funktionen in Gang hält.

Neue Technologie – altes Denken

Das nächste Problem ist eine Inkonsistenz zwischen Denkweise, Technologie und zukünftigen Erfordernissen. Wir haben eine Denkweise, die immer noch die alte ist – nämlich die des 19. Jahrhunderts – in der wir die Welt als eine materielle, mechanistische Maschine betrachten, ein mechanistisches und materialistisches Weltbild. Aber unsere heutige Technik ist auf einer ganz anderen Vorstellung aufgebaut, eben auf den Errungenschaften dieser neuen Betrachtung, die Physiker vor etwa hundert Jahren herausgefunden haben. Daraus folgt ein ganz anderes Weltbild. Diese neuen Vorstellungen haben wir uns aber nicht zu eigen gemacht, wir denken noch immer genauso wie die Menschen im 19. Jahrhundert gedacht haben.

Sowohl der Marxismus als auch der Kapitalismus sind Denkmuster des 19. Jahrhunderts. Als der Marxismus untergegangen ist, hätte man eigentlich erwartet, dass vierzehn Tage später auch der Kapitalismus verschwindet, weil er die Welt in ganz derselben primitiven Weise versteht. Das ist nicht geschehen, und die Kapitalisten glauben nun, weil sie übrig geblieben sind, sie hätten die wirklich richtige Sicht der Dinge. Dem ist aber ganz und gar nicht so.

Die wirklich neue Denkweise hat zwar noch nicht Fuß gefasst, aber sie hat unsere Technik neu geformt. Wir haben heute nicht mehr Technik, sondern Technologie. Was ist der Unterschied zwischen Technik und Technologie? *Logie* deutet auf eine Lehre, das heißt, dass man erst irgendetwas lernen und verstehen muss, bevor man es betreiben kann. Man bräuchte eine Lehre, aber es gibt noch keine Lehrer dafür. Das ist der Grund, warum wir uns nicht entschieden haben, darüber klärend nachzudenken, wie diese neue Technologie eigentlich funktioniert.

Glauben Sie nur nicht, dass Sie verstehen, was da im Hintergrund passiert, wenn Sie ihren Computer benützen. Sie haben eine Vorstellung davon, aber eigentlich wissen sie es nicht, denn Sie können es mit der alten Sprache nicht mehr benennen. Das heißt, wir haben heute eine neue Technologie, dazu gehört die moderne Chemie, die Mikroelektronik – und dazu gehört selbstverständlich auch die Entwicklung der Atombomben. Das ist alles Technologie, die nur mit dem neuen Denken funktioniert. Das ist uns aber nicht bewusst. Und jetzt wollen wir das 21. Jahrhundert gestalten – mit der modernen Technologie und der falschen Denkweise. Dies kann nur in den Graben gehen.

Diese Diskrepanz ist auch ein Grund für unsere Frustration, die nicht nur wir fühlen, die wir nicht viel ändern können, sondern auch maßgebliche Menschen, wie beispielsweise Politiker/Politikerinnen und andere, die sagen: Es gibt keine Alternative zu der Welt, in der wir jetzt leben, wir müssen sie einfach so akzeptieren, wie sie eben ist. Manche Politiker meinen vor allem die neoliberale Wirtschaftstheorie, zu der es keine Alternative geben soll. Das ist reiner Fatalismus. Wir müssen dem entgegentreten. Fatalismus bedeutet Fantasielosigkeit, und nicht nur Fantasielosigkeit, sondern Unverständnis dessen, was eigentlich hinter dieser Welt steht.

Hängen an der Materie

Warum hängen wir so an diesem alten materialistischen, mechanistischen Weltbild?

Weil es mit Händen greifbar, begreifbar ist. Materie ist etwas, das ich greifen kann. Materie ist etwas, das eine begrenzende Oberfläche hat. Ich kann es in der Hand halten und sagen, es ist meines. Jetzt kann ich endlich anfangen, mit dem anderen zu streiten: Wem gehört es? Wem gehört es nicht? Selbstverständlich ist Wasser auch Materie, aber wenn wir uns Materie vorstellen, ist es immer die feste Materie. Wenn wir ins Wasser greifen, haben wir schon ein bisschen Schwierigkeiten zu sagen, dies ist mein Wasser.

Aber was ich sozusagen in Händen halte, das kann ich besitzen. Es ist letztlich diese Materie, die uns in der industriellen Entwicklung dazu geführt hat, Dinge in dieser Welt nicht nur manipulieren, sondern auch besitzen zu können und damit zu einer verschiedenen Eigentumssituation zu gelangen. Das ist auch die Grundlage für Tauschwert, dass etwas aus meiner Hand in die andere Hand gehen kann, wenn ich damit einverstanden bin.

Dies alles hängt mit dem alten Weltbild zusammen. Wir haben als Grundprinzip für unsere Entwicklung die Wettbewerbsfähigkeit. Das ist heute das Leitmotiv. Was heißt das aber? Wettbewerbsfähigkeit ist doch nur ein Mittel. Zu welchem Zweck? Wettbewerb heißt, ich muss schneller sein als der andere. Aber in welche Richtung? Das ist sekundär. Unsere Situation ist charakterisiert: Ein Wettrennen, bei dem einer ganz schnell läuft und der andere ihn überholen muss. Aber niemand achtet darauf, in welche Richtung es geht. Wenn man ihm sagt: „Du läufst in die falsche Richtung, du kommst ja zum Abgrund!" Dann sagt er: „Augenblick, störe mich nicht, ich muss den erst überholen. Ich kann nur die Richtung ändern, wenn ich vorne bin." Wenn er dann vorne ist, blickt er nur zurück, weil er Angst hat, nun seinerseits überholt zu werden.

Wir müssen uns wieder Ziele aussuchen, zu welchem Zweck wir das eigentlich machen. Das kann nur ein Mensch bestimmen, der sich orientieren kann, der Einsicht in sein Umfeld hat, in das er existenziell eingepflanzt ist. Das ist die Schwierigkeit, vor der wir im Augenblick stehen.

Naturvergessenheit

Es liegt an überholten Weltbildern, die dazu führen, dass wir Menschen uns außerhalb der Natur empfinden, als etwas von der Natur Verschiedenes. Naturvergessenheit könnte man das nennen. Damit haben auch die Religionen zu tun. In der Art und

Weise, wie der Mensch über die Natur erhoben und Gott ähnlich gemacht wird, haben wir die Natur erniedrigt. Der Mensch betrachtet die Natur nur noch als Werkzeug oder als Bausteine und als nichts anderes – obwohl wir wissen, dass wir selbst in die Natur eingebettet sind. Diese Vorstellung der Trennung müssen wir überwinden.

Das führt dazu, dass wir einerseits überschätzen, was wir alles machen können, und andererseits unterschätzen, was wir wirklich an Möglichkeiten haben. Die neuen Naturwissenschaften haben aufgezeigt, dass es nicht die strenge Naturgesetzlichkeit gibt, wie wir uns das früher vorgestellt haben. Hinter den Dingen steht eine Verbundenheit, die nicht streng ist, sondern eine gewisse Offenheit aufweist. Diese gibt uns die Möglichkeit, Lebensformen entwickeln zu können, bei denen auch das Kreative eine Rolle spielt. Das gilt nicht nur für uns Menschen. Kreativität ist eine Eigenschaft, die wir mit allem in der Welt teilen.

Offenheit

Wir haben somit eine Situation, die für uns viel günstiger ist, als wir uns bisher vorstellen. Wir haben zwar einerseits Gesetzlichkeiten, aber andererseits eine Offenheit, die wir nützen können, um auch selbst Einfluss zu nehmen. Aber diese Offenheit ist gar nicht so einfach erlebbar. Sie hängt damit zusammen, dass wir, wenn wir handeln und agieren, immer von einem Hintergrund her handeln, der mit irgendeinem vagen Wissen zu tun hat, mit Ahnungen, aus denen heraus neue Ideen entstehen. Die Ahnung selbst ist in einer anderen Welt, als die Welt es ist, in der wir Dinge im wörtlichen Sinne begreifen und sagen können: „Das habe ich verstanden, ich halte es hier in der Hand."

In dieser anderen Welt erfahren wir diese Offenheit. Die neuen Einsichten zeigen uns, dass wir doch kreative Fähigkeiten haben. Aber ist das nur eine Eigenschaft des Menschen? Es ist eine allgemeine Eigenschaft, und wir können darauf vertrauen, dass es notwendig und wichtig ist, diese Eigenschaft des Kreativen auch zu benutzen. Dann sehen wir, dass es auch in unserer Hand liegt, wie die Zukunft gestaltet wird. Zukunft ist nicht völlig fixiert durch Naturgesetzlichkeit.

In diesem Zusammenhang können wir auch fragen: Welche Zukunft wollen wir? Das ist keine sinnlose Frage, denn wir können die Zukunft wirklich gestalten, selbstverständlich nicht generell, aber als prinzipielle Möglichkeit. Es hat wenig Sinn zu warten, was die Zukunft bringt. Nein, wir müssen nicht warten, wir müssen uns überlegen, welche Zukunft wir wollen. Welche Vision haben wir von der Zukunft? Wenn wir diese Vision haben, dann wissen wir auch, dass wir uns dieser Zukunft als einer Möglichkeit annähern können. Nicht allein, aber mit anderen zusammen.

Menschsein

Es ist ganz klar, dass wir alle eine Zukunft wollen. Es lohnt sich. Es gibt so viele prächtige Menschen, und wegen ein paar Verrückter werden wir doch die anderen nicht opfern. Es sind selbstverständlich viele, die unsinnige Dinge nachmachen, aber sie wissen eigentlich selber, dass auch eine andere Welt möglich ist. Nur sehen sie die konkrete Möglichkeit dazu überhaupt nicht.

Wir alle haben die Veranlagung zum Homo sapiens sapiens – der weise Mensch – und der ist nicht nur auf einige Menschen begrenzt. Aber wir geben uns überhaupt nicht die Mühe, den Menschen dorthin zu bringen. Wer spricht heute schon von Menschen? Wir sprechen von Arbeitsplätzen, aber nie von dem Menschen, der handeln will, der sein Leben gestalten will. Davon ist nicht die Rede.

Nur von Arbeitsplätzen zu reden, das ist eine sterile Sprache, bei der man den Menschen, den eigentlichen Menschen, gar nicht mehr sieht. Statt dass die Technik dafür da ist, diesem Menschen zur Entfaltung zu helfen, laufen wir hinter der Technik her, damit wir den Anforderungen gerecht werden, die diese neue Technik an uns stellt. Das geht völlig am wirklichen Leben vorbei. Wir alle sind dieser Homo sapiens sapiens. Jeder von uns ist einmalig und kann einen Beitrag in diese Richtung leisten.

Nachhaltigkeit

Wir müssen uns auch die Frage stellen: Wer kümmert sich denn wirklich um die Zukunft? Wie stellen wir es an, damit wir auch dorthin kommen, wo wir eigentlich alle hin wollen?

Es geht um Zukunftsfähigkeit, um Nachhaltigkeit. Ich war selber daran beteiligt, dass dieser Begriff verwendet wurde. Im Frühjahr 1990 – eben war die Mauer gefallen – trafen wir, eine ökologische Gruppe aus der Bundesrepublik, uns erstmals mit einer ökologischen Gruppe der damaligen DDR, darunter sehr viele Forstwirte, im bekannten *Auerbach's Keller* in Leipzig. Wir diskutierten eifrig über eine Reihe dringender ökologischer Probleme und dabei unter anderem auch allgemein über 'sustainability', für das wir noch keine gute deutsche Übersetzung hatten. Da kam der Vorschlag, warum nehmen wir nicht „Nachhaltigkeit"? Ein Begriff, der in der Forstwirtschaft verwendet wird: Man soll nicht mehr Holz schlägern als nachwächst. Einige, wie auch ich, waren darüber nicht so glücklich, da dies ja schon aus rein wirtschaftlichen Gründen gefordert werden muss. Aber die Forstwirte betonten, dass in der Forstwirtschaft dieser Begriff eine umfassendere Bedeutung hat, die z.B. die Bodenqualität und Vielfalt in der Bepflanzung einschließt. Darauf haben wir uns dann geeinigt. Aber ich konnte mich mit diesem Ausdruck nie so recht anfreunden.

Nachhaltigkeit ist ein so langweiliger Begriff, bei dem man gar nicht merkt, dass es sich dabei um etwas ganz Aufregendes handelt. Da ist „sustainability" schon etwas besser, denn da ist eine „ability", eine Fähigkeit drin. Aber „nach" und „halten"? Meine Abneigung gegen diesen Begriff liegt auch daran, dass dabei nicht zum Ausdruck kommt, was eigentlich gemeint ist. Es bedeutet eben nicht, dass wir diese Welt so erhalten wollen, wie sie jetzt ist, sondern wir wollen die in dieser Welt angelegt Dynamik, Vitalität und Produktivität bewahren und fördern. Die Robustheit und Elastizität wollen wir schon beibehalten, aber nicht den augenblicklichen Zustand. Es soll in dieser Richtung, mit dieser Lebendigkeit weitergehen.

Ich erinnere mich an eine Aussage von Albert Schweitzer, als er in Afrika einmal auf einem Fluss in Bedrängnis mit Nilpferden kam und mit seinem Kanu nicht mehr herauskam. Da sagte er sich: „Ich bin Leben, das leben will, inmitten von Leben, was leben will." Das kommt nahe an das heran, was ich mir vorstelle. Ich bin Leben, das leben will, inmitten von Leben, das leben will. Die eigene Lebendigkeit in der Lebendigkeit in all dem zu sehen, was um uns herum ist. Deshalb würde ich Nachhaltigkeit am liebsten nennen: „Das Lebende lebendiger werden lassen", um den Prozess, die Dynamik klar zu machen.

Das ist es eigentlich, was wir wollen. Was immer wir tun, es nicht nur bei dem zu belassen, sondern am Schluss noch lebendiger zu sein, als wir angefangen haben. Aber auch nicht unsere Lebendigkeit auf Kosten der Lebendigkeit um uns herum zu behaupten.

Drei Ebenen der Nachhaltigkeit

Das bedeutet aber, dass wir nie nur den Menschen allein in diese Nachhaltigkeit hineinnehmen können. Nachhaltigkeit bezeichnet die Lebendigkeit des ganzen Biosystems, in dem wir eingebettet sind. Dabei können wir drei Ebenen unterscheiden: Wir wollen die natürlichen Lebensgrundlagen nicht zerstören, wir wollen auch, dass die Menschen friedlich und in Gerechtigkeit zusammenleben, und wir wollen auch ein gutes und lebenswertes Leben führen.

Das imitiert ein bisschen die 3-Säulen-Theorie: Nachhaltigkeit/ Ökologie, Gesellschaft und Ökonomie. Nur dass Ökonomie nicht die volle Entfaltung des Menschen als homo sapiens charakterisiert, sondern nur seine materiellen Grundlagen. Es geht aber nicht nur um das physische Überleben des Menschen, sondern auch darum, dass er seine emotionale und geistige Potenzialität, das seine Persönlichkeit formt und seine Eigenart ausmacht, optimal entwickeln kann. Jeder hat dazu die Gabe und kann dies für sich fordern. Es bezeichnet eine wesentliche Voraussetzung für den Menschen, die durch die Ökonomie nicht abgedeckt werden kann.

Völlig verkehrt ist es, wenn man zwar von diesen drei Säulen ausgeht, aber die Ökonomie dann an die erste Stelle setzt, weil man glaubt, zunächst für optimale Wettbewerbsverhältnisse sorgen zu müssen. Sodann wird an zweiter Stelle die Aufmerksamkeit auf die gesellschaftlichen Probleme gerichtet und schließlich ganz am Schluss, soweit noch genügend Kraft vorhanden, will man sich ganz als Letztes, gleichsam im Sinne einer Dekoration, auch noch um die Natur kümmern.

Nein, so geht dies nicht. Die Prioritätenfolge muss genau umgekehrt sein. Die Natur, die natürliche Lebensgrundlage, ist das Fundament, in dem die Menschheit als Spezies existenziell eingebettet ist. Wir müssen dafür sorgen, dass die natürlichen Lebensgrundlagen nicht zerstört werden, und dann auch, dass sich die Menschheit in dieser Welt mit gesunden Lebensgrundlagen entwickeln kann und der Mensch in der Gesellschaft nicht nur als ein Rädchen zählt, sondern sich als Individuum in seiner Eigenart entfalten kann und als verantwortlicher Träger der Gemeinschaft seinen angemessenen Platz in dieser findet.

Das heißt, die System-Hierarchie, wie sie üblicherweise immer aufgezeigt wird – Ökonomie an erster, Gesellschaft an zweiter und Ökologie an dritter Stelle – muss genau umgedreht werden. Der Mensch ist der sensibelste Teil des Ökosystems. Wenn etwas schiefläuft, ist er der Erste, der abstürzt. Es ist nicht so, dass wir

Ökologie betreiben, weil wir einfach die Schönheit der Natur lieben, sondern es hat auch etwas damit zu tun, dass unsere Existenz auf ihrer Existenz beruht.

Naturgesetzlichkeit

Nach der alten Weltsicht ist die Welt etwas Äußeres. Ich schaue die Welt da draußen an, und was ich wahrnehme, ist hauptsächlich Materie. Deshalb nennen wir diese Welt „Realität", vom lateinischen „res", das Ding. Die Welt besteht aus Materie und ist etwas, das ich begreifen kann. Wenn ich sage, die Welt ist „Realität", sage ich gleichzeitig: Die Welt kann begreifbar sein. Ich kann etwas in die Hand nehmen und sagen, ich habe ein Stück dieser Welt in der Hand.

Die Anordnung der Materie in der Zeit geschieht mit einer gewissen Regelmäßigkeit. Wir haben festgestellt, es gibt streng geltende Naturgesetze. Daher können wir von der jetzigen Konfiguration ausgehend sagen, wie die Anordnung im nächsten Augenblick sein wird, und so weiter. Sowie auch rückwärts. Mit dieser Naturgesetzlichkeit kann gewissermaßen gezeigt werden, was in Zukunft passiert oder was in der Vergangenheit passiert ist. Das ist auch tatsächlich möglich, und daher haben wir den Eindruck, wir bekommen die Welt in den Griff.

Wir wissen nur nicht so recht, was wir mit uns selbst machen sollen. Wenn wir nämlich Teil dieser Maschine sind, dann nützt uns unser Tun gar nichts, weil alles, was wir verändern, dann auch innerhalb dieser Maschine ist. Das hat dazu geführt, dass wir den Menschen aus der Natur herausgehoben haben, dass wir auch den Schöpfer aus der Schöpfung herausgenommen haben und uns teilweise mit dem Schöpfergott identifizieren. Dieser hätte den Menschen hinterlassen, dass er das unvollendete Werk weiterführt – und so führen wir uns auch auf! Von daher kommt unsere Überheblichkeit. Wir fühlen uns nicht nur als die Krönung der Schöpfung, sondern auch als Herr der Schöpfung und vergessen, dass wir selbst noch irgendwie eingebettet sind in dem Rest.

Abschied vom endgültigen Verstehen

Wir sind die Kreativen, die etwas ändern können an der Maschine, die zügig laufen muss. Aus dieser Arroganz heraus meinen wir, die Welt sei begreifbar. Wenn wir nur weitermachen mit unserer Forschung, dann bekommen wir irgendwann die Welt in den Griff. Derzeit sind wir sogar so weit, dass wir nicht nur die unbelebte Welt in den Griff zu bekommen glauben, sondern auch das Lebendige. Die Biologen gehen heute davon aus, dass letztlich auch das Lebendige für uns verständlich, begreifbar sei. Es müsse nur die Naturgesetzlichkeit gefunden werden.

Dies kommt gut in einem Buch über „Die Einheit des Wissens" des amerikanischen Zoologen Edward Wilson zum Ausdruck, wo er an einer Stelle schreibt: „Ohne Instrumente sind Menschen in ein kognitives Gefängnis eingesperrt. Sie sind wie intelligente Fische, die sich über die äußere Welt wundern. Sie erfinden geniale Spekulationen und Mythen über den Ursprung, den sie in dem Wasser einschließen, über die Sonne, über den Himmel, die Sterne über ihm und über den Sinn ihrer Existenz. Aber alles ist falsch, sie irren sich immer wieder, weil die Welt zu weit weg ist von ihrer täglichen Erfahrung, um bildlich einfach erfasst zu werden."

Der Mann hat Recht! Aber er hat nicht Recht mit seinem ersten Satz, dass nur „ohne Instrumente" Menschen in dieser misslichen Lage wären. Er glaubt, weil er alle diese mit Instrumenten erfassten Details hat, könnte er die Welt besser verstehen. Aber die moderne Naturwissenschaft hat gezeigt, dass er sich mit seiner neuen Betrachtungsweise ebenso irrt. In Wirklichkeit versteht er die Welt damit vielleicht in gewisser Weise noch weniger. Das ist mir auch in den Sinn gekommen, wenn Drewermann über die verschiedenen Funktionsweisen dieser Drogen, diese verschiedenen chemischen Stoffe, die in unserem Hirn wirken, spricht. Die Neurowissenschaft macht jetzt also Fortschritte. Aber es ist ein Spiel, das nicht zum Ende führt. Es setzt am Falschen an, es bleibt am Materiellen hängen. Wir wissen seit über achtzig Jahren, dass es so gar nicht sein kann. Ich kann wohl sehen, was da im Gehirn passiert, aber die eigentliche Ursache ist von einer ganz anderen Art.

Die moderne Physik hat gezeigt, dass es im Hintergrund ganz anders ist. Heisenberg drückt das in seinem Buch „Der Teil und das Ganze" so aus: „Die Quantentheorie ist ein wunderbares Beispiel dafür, das man einen Sachverhalt in völliger Klarheit verstanden haben kann und gleichzeitig auch weiß, dass man nur in Bildern und Gleichnissen von ihm reden kann." Das heißt, die Naturwissenschaft ist zu einem Punkt gekommen, an dem sie die Vorstellung aufgeben muss, dass sie alles genau weiß und eine Sprache verwenden muss, die für uns nicht mehr zugänglich ist.

An dieser Stelle kommen wir in eine Situation, wo wir Physiker uns mit den Theologen treffen. Drewermann beginnt mit Religion, ich mit der Materie, und ich verliere sie genau an diesem Punkt, wenn ich plötzlich sehe, dass es auf diese Weise gar nicht weitergeht.

Elemente des neuen Denkens

Die neue Wirklichkeit ist ganz anders, als wir sie uns bisher vorgestellt haben.

Materie ist im Grunde nicht Materie. Deshalb habe ich eingangs erwähnt, ich habe fünfzig Jahre über Materie gearbeitet, die es gar nicht gibt. Wir können uns das nicht vorstellen. Es ist, als ob man sagt, am Anfang gibt es nur Software und gar keine Hardware. Eine Software, die man nicht begreifen kann, die nur eine Gestalt, aber keine Existenz im ursprünglichen Sinne des Wortes hat. Es gibt nur eine Beziehungsstruktur, es gibt keine Objekte. Die Frage, was ist und was existiert, kann nicht mehr gestellt werden.

Wenn wir anfangen, über etwas zu reden, dann fangen wir gewöhnlich damit an, was ist, was existiert. Das ist das Erste, was wir fragen. Wenn diese Frage keinen Sinn mehr hat, dann bleibt uns auch die Sprache weg. Es bleibt nur die Frage, was passiert und was bindet – und nicht, was Teile verbindet. Das ist für uns ganz ungewohnt. Es gibt Fragen, die keine Antwort haben, nicht aus Ignoranz, sondern weil sie ins Leere führen.

Ein Beispiel: Welche Farbe hat ein Kreis? Rot, grün, blau, farblos? Nein, die Qualität Farbe gibt es für den Kreis gar nicht. Wenn ich einen Stift nehme und einen Kreis auf ein Papier male, dann ist dieser Kreis zum Beispiel blau. Der gemalte Kreis ist blau, aber die blaue Farbe ist nicht Eigenschaft des Kreises, sondern kommt vom Stift. Was hinter dem Kreis ist, ist nicht der gemalte Kreis, sondern der Kreis, bei dem ich davon abstrahiere, dass ich ihn gemalt habe. Die Frage, welche Farbe hat der Kreis, kann ich daher gar nicht stellen. Deshalb ist der Kreis, wie man sagt, achrom. Die Frage nach der Farbe (chrom) darf nicht gestellt werden. Die Welt ist nicht immateriell, sondern amateriell. Die Frage nach der Materie ist sinnlos geworden, so wie die Frage nach der Farbe des Kreises.

Es gibt nur noch innere Form oder Gestalt. Das ist für die Alltagsvorstellung unverständlich. Für uns ist die Form eine Anordnung irgendeiner Substanz. Aber alle erleben wir heute eine Welt, bei der wir von einer eingeprägten Form, einer Gestalt ohne Substanz reden können. Wie erklären Sie jemandem, was da vor sich geht, wenn Sie mit dem Mobiltelefon mit Freunden in Paris telefonieren? „Ich habe da so eine Antenne dran, und irgendwie kitzelt diese Antenne da so ein Feld im Hintergrund, und das gibt dann eine Welle im Äther. Diese Welle im Äther kann mein Freund in Paris empfangen und das ist das Gespräch."

Das wäre fast richtig, nur – es gibt den Äther nicht. Das heißt, die Welle hat keinen materiellen Träger. Du hast das Nichts gekitzelt und damit eine „Delle" in diesem Nichts erzeugt. Diese Delle ist eine reine Form des Nichts. Dein Freund in Paris empfängt diese Delle und sagt, da kommt mein Gespräch. Dabei ist aber nichts Materielles passiert. Das ist der Grund, warum Sie ihr Handy an jedem Ort benützen können. Sie können das Nichts kitzeln, wo sie wollen, das spielt gar keine Rolle. Ihr Freund in Paris kann sein, wo er will, er kann die Delle überall wahrnehmen.

Mit diesem Beispiel bekommen Sie schon ein Gefühl, dass das Materielle und seine Lokalisierung keine primäre Rolle mehr spielt. Wir arbeiten mit einer reinen Gestaltstruktur. Das macht es natürlich nicht unbedingt anschaulicher, sondern eher kompliziert und unverständlich.

Diese Gestalt hat keinen Ort, an dem sie sich befindet. Die Gestalt ist sozusagen über die ganze Welt ausgebreitet. Es gibt überhaupt keine Auflösung in Teile. Das heißt, in der Physik ist die Wirklichkeit nicht Realität, sondern Potenzialität. Sie ist nur die „Möglichkeit", die sich energetisch und materiell irgendwo manifestieren „kann", sozusagen etwas noch nicht Entschiedenes, Schwebendes. Und diese Potenzialität ist räumlich nicht lokalisiert.

Die Welt ist das Eine und Ganze. Das führt dazu, dass die ganze Welt überhaupt keine Ränder hat. Es gibt nur das Eine, und wir könnten sagen, es ist das Ganze. Das „Ganze" ist aber auch nicht das richtige Wort. Das Ganze ist ja etwas, dem kein Teil fehlt. Aber wenn es gar keine Teile gibt, dann können wir es auch nicht das Ganze nennen.

Aber stellen Sie sich etwas vor, das man überhaupt nicht zerlegen kann. Das hat selbstverständlich fantastische Konsequenzen. Das heißt beispielsweise, wenn wir uns selbst wirklich in diese Welt einbeziehen, dass wir alle, die wir hier im Raum sitzen, zwar unterschiedlich und unterscheidbar, aber nicht getrennt sind. Wir befinden uns alle sozusagen in dieser Gemeinsamkeit, und das ist eine wesentliche Voraussetzung, dass wir überhaupt miteinander kommunizieren können. Darauf kommen wir noch zurück.

Die Welt ist das Eine und Ganze. Im Sanskrit nennt man das

„Advaita", Nicht-Dualität. Das bedeutet: Etwas, das man überhaupt nicht aufteilen kann, wo die Zerstückelung erst gar nicht möglich ist. Wie die Farbe des Kreises.

Die Offenheit der Zukunft. Die Zukunft ist nicht eindeutig determiniert. Sie ist nicht völlig beliebig, sondern offen, aber die Tendenz ist in einer gewissen Weise festgelegt. Vom Vorhergehenden beeinflusst, wird die Ausrichtung in gewisser Weise vorgegeben, so dass die Evolution wie ein Lichtkegel nur in eine gewisse Richtung weitergeht. Es gibt aber echte Kreativität. Aus Nichts kann auch etwas entstehen, und wenn etwas da ist, kann es auch wieder in das Nichts verschwinden.

Die Begriffe von Entfaltung und Entwicklung sind nicht mehr zutreffend. Wir haben eine kreativitätsfeindliche Sprache. Das höchste der Gefühle ist Entfaltung und Entwicklung. Das hieße nichts anderes, als dass alles schon da ist und nur entfaltet wird, Kreatives wäre nicht dabei. In Wirklichkeit kommt aber etwas neu dazu. Dieses neue Weltbild ist sehr spannend, und es beunruhigt. Doch keine Sorge: Wenn Sie nach dieser Veranstaltung ihr Auto suchen, werden Sie es auch am geparkten Ort vorfinden, obwohl die Zukunft offen ist.

Auch die Wissenschaft spricht nur in Gleichnissen. Die Wissenschaft hat ihre Vorrangstellung eingebüßt. Wir haben immer gemeint, wir Wissenschaftler können sagen, was ist und was nicht ist. Jetzt müssen wir aber einsehen, dass auch wir streng genommen in Gleichnissen reden müssen.

Der entscheidende Schritt, wo wir festgestellt haben, dass die Materie verschwindet und die Form bleibt, hat mit der Struktur des Atoms zu tun. Warum haben wir die Atome erforscht? Wir wollten die Welt in den Griff bekommen, und wir wussten, dass uns das gelingt, wenn wir die Materie von der Form ablösen können. Aber wie ist das möglich? Ich muss die Form beseitigen und nehme dazu einfach ein Beil, zerhaue beispielsweise diesen Tisch hier, dann ist seine Form kaputt. Aber nicht generell, es entstehen daraus zwei Teile, die wieder je eine Form haben. Daher verwende ich das Beil wieder und wieder in der Hoffnung, letztlich jegliche Form zu beseitigen. So wird man zum Atomphysiker.

Beim Atom angekommen, meinten wir, endlich am Ziel zu sein. Jetzt haben wir das *atomos*, gefunden, was sich nicht mehr spalten lässt. Es ist reine Materie ohne Form. Doch dann kam Lord Rutherford und zeigte, dass auch dieses Atom noch eine Struktur hat. Wieder musste man das Beil nehmen und nachsehen, wie es im Inneren des Atoms ausschaut. Man fand eine Struktur, die einem Planetensystem glich, mit einem schweren Kern und, diesen umkreisend, leichteren Elektronen, zusammengehalten jedoch durch elektrische Kräfte. Es erschien leicht, es in Analogie zu unserem bekannten gravitativ zusammengehaltenen Planetensystem zu verstehen und mechanistisch zu erklären. Doch dies misslang: Das elektrische Planetensystem funktioniert nicht – es ist nicht stabil. Und jetzt ist es passiert: Es widerspricht den Naturgesetzen, so wie wir sie kannten!

Die Naturgesetze der Mechanik sind so einfach, dass uns nicht die Ausrede bleibt, wir haben das System noch nicht ganz verstanden und werden schon irgendwann eine Lösung finden. Es bleibt nur die Folgerung: Die bisherigen Naturgesetze sind im Grunde falsch und, welche Überraschung, wir müssen feststellen, es gibt die Materie im Grunde nicht mehr. Es gibt letzten Endes nur noch eine Art Schwingung. Es gibt, streng genommen, keine Elektronen, es gibt keinen Atomkern, sie sind eigentlich nur Schwingungsfiguren. Eine Art Schwingungsfigur wie Ihr Handy-Gespräch im elektromagnetischen Feld, nichts Materielles im eigentlichen Sinne. An diesem Punkt haben wir die Materie verloren.

Erkennen verändert die Welt

Mit dem Experimentieren verändern wir die Welt. Genauso verhält es sich in der neuen Naturwissenschaft. Wir haben verschiedene Aussagen, die im Widerspruch zueinander stehen. Aber diese Aussagen haben wenig damit zu tun, was die Wirklichkeit ist. Die Struktur der Wirklichkeit können wir mit unserer Sprache gar nicht erkennen, sondern wir richten sie uns zurecht, so dass sie in diese Sprache hineinpasst. Die Endscheibe charakterisiert die von uns im Alltag erfolgreich erprobte Umgangssprache mit ihren lebensdienlichen Vereinfachungen.

Wenn wir von der Welt sprechen, in die Welt hineinsehen, dann vergleichen wir unsere Bilder miteinander und sind oft verschiedener Meinung. Wir machen den Fehler zu glauben, dass das, was jeder von uns in dieser Welt sieht, dasselbe ist, das auch der andere sieht. Aber es ist durch unsere spezielle Wahrnehmung gefiltert und deformiert. Denn dort, wo wir sehr empfindlich sind, nehmen wir mehr wahr, und dort, wo wir unempfindlich sind, nehmen wir überhaupt nichts wahr. Das heißt, die wahrgenommene Welt ist eine ganz andere als die Welt da draußen. Ein Hauptstreit, den wir untereinander führen, kommt daher, dass wir nie in Betracht ziehen, dass wir verschiedene Dinge sehen, weil wir auf verschiedene Weise sensibilisiert sind. Es ist uns gar nicht bewusst, was wir weglassen und was wir echt sehen. Keiner von uns merkt zum Beispiel, dass wir in unserem Auge, in unserem Gesichtsfeld, einen schwarzen Fleck haben. Wir sind gewöhnt daran, diesen schwarzen Fleck sofort mit Erinnerungen zu übermalen, mit dem, was da eigentlich herein gehört. Wer wirklich einen schwarzen Fleck sieht, geht besser zum Augenarzt, denn da ist irgendetwas nicht in Ordnung. Wir haben alle diesen schwarzen Fleck, aber niemand spricht davon, weil wir alle unbewusst gelernt haben, den Mangel an Sehfähigkeit, diesen schwarzen Fleck, durch gespeicherte Erfahrung zu kompensieren.

Welche Konsequenz hat das?

Jetzt können Sie sich natürlich die völlig berechtigte Frage stellen: Haben diese überraschenden und paradox erscheinenden neuen Einsichten in der Mikrophysik überhaupt eine Konsequenz für uns in unserer viel größeren Lebenswelt? Es ist nicht untypisch für einen Wissenschaftler, der sich in einem Teilgebiet erfolgreich getummelt hat, zu vermuten, er könne nun damit die ganze Welt erklären. Das ist nicht ausgeschlossen, bedarf aber immer einer weiteren Rechtfertigung.

Der entscheidende Punkt in unserem Fall ist nun der folgende. Wenn ich in unsere Welt aufsteige, in der Billionen mal Billionen Atome in einem Gramm Materie versammelt sind, dann rede ich nicht mehr nur von einem einzelnen Atom. Eigentlich sollte ich überhaupt nicht vom „A-tom" oder einem Mikro-Teilchen sprechen, das gibt es ja gar nicht mehr. Ich sollte vielmehr von der Vorstellung eines „Passierchens" – etwas, das passiert, etwas Prozesshaftes – oder eines „Wirks", einer kleinen Wirkung ausgehen. Das deutsche Wort „Wirkung" für die Wirklichkeit ist ja viel besser als das der „Realität".

Ich nehme also einen Sack von Billionen mal Billionen Passierchen, schüttele ihn durch und frage: Wie verhält sich dieser Sack insgesamt? Es wird etwas Gröberes, undifferenzierteres Durchschnittliches sein. Und siehe da, was dabei herauskommt – nicht ganz überraschend, aber zu unserer großen Erleichterung –, ist genau die alte Physik: Die Naturgesetze, die Kausalität, die Welt, Ihr Auto. Alles ist auf einmal mit großer Bestimmtheit da, nicht absolut scharf, sondern mit kleinen Abweichungen. Wenn ich Billionen mal Billionen Atome habe, ist die Abweichung plus/minus ein Billionstel. Das beunruhigt uns selbstverständlich nicht.

Konsequenz: Warum erzähle ich Ihnen dann diese skurrilen Dinge von einer mikroskopischen Welt, die doch für uns überhaupt nicht relevant ist? Aber jetzt kommt eben eine wichtige Ergänzung: Könnte es doch vorkommen, dass diese Passierchen, diese kleinen Prozesse, sich nicht ausmitteln, dass sie gewissermaßen nicht notwendig total ungeordnet durcheinander gewürfelt sind? Könnte es sein, das sie in ihrer Gesamtheit eine gewisse Ordnungsstruktur beibehalten, so dass das, was im Mikroskopischen angelegt ist, doch verstärkt nach oben steigt und in unserer Lebenswelt zum Ausdruck kommt?

Betonen möchte ich auch, dass wir etwas, das fundamental kreativ und indeterminiert angelegt ist, eigentlich nicht mit dem „toten" Materiellen vergleichen sollten. Denn es hat die wesentlichen Ingredienzen dessen, was wir lebendig nennen. In gewisser Weise können wir deshalb sagen: Im Urgrund oder an der Urquelle ist etwas, das dem Lebendigen viel ähnlicher ist als der Materie. Es ist nämlich alles im ewigen Wandel, und es ist nur der Wandel, der sozusagen das Bauelement ist, und nicht ein Etwas, was verwandelt wird. Das Etwas gibt es gar nicht.

Die Materie kommt auf einer Ebene zustande, wo sich alles Wandelnde überlagert, wie Ameisen eines Ameisenhaufens im Wald. Dieser Ameisenhaufen steht einfach als Kegel da, obwohl die Ameisen alle durcheinander laufen. Obwohl alles in Bewegung ist, bleibt etwas im Mittel stehen wie ein Erdkegel – aber nur in der Vergröberung. Könnte es sein, dass dieses Gewusel sich auf einmal so anordnet und ordnet, dass es zu dem führt, was wir in unserer Lebenswelt Leben nennen? Dann müssen die Passierchen verstärkt, muss das Kleine sozusagen vergrößert werden. Wie wenn ich den Ameisenhaufen mit einem Vergrößerungsglas betrachte und bemerke, das sind ja eigentlich Ameisen.

Das 'lebendige' Pendel

Das kann ich Ihnen auch mit einem Pendel vorführen, das zunächst sich genau nach den uns bekannten Naturgesetzen bewegt.

Wir können ganz genau ausrechnen, wie es pendelt. Am Ende hängt es, aufgrund der Reibung, nach unten, die Bewegungsenergie wird in Wärme umgewandelt – und am Schluss wird es still. Das lässt sich einfach und genau ausrechnen. Aber dieses Pendel hat einen Punkt, an dem eine Aussage unmöglich wird, nämlich wenn ich es auf den Kopf stelle. Wenn ich das Pendel ganz nach oben gebe, weiß ich im Augenblick nicht, ob es nach links oder rechts fällt. An dieser Stelle der Instabilität versagt eine Prognose.

Sie könnten einwenden, ich muss nur ganz genau hinsehen, ob es links oder rechts von „genau oben" ist. Dazu brauche ich sozusagen ein Vergrößerungsglas, um zu wissen, ob der Schwerpunkt des Pendels genau auf der Linie Erdmittelpunkt-Drehachse liegt, d.h. ob das Pendel minimal links oder rechts davon steht. Aber wenn ich noch genauer „ganz in die Mitte" gehe, dann passiert in steigendem Maße etwas völlig anderes. Dann wird auf einmal von Bedeutung, dass dieses Pendel nicht einfach isoliert im Raum balanciert, sondern dass noch andere Dinge um es herum es beeinflussen. Zum Beispiel ich, der ich jetzt hier auf dieser Seite des Pendels stehe. Wenn ich hier stehe, ziehe ich das Pendel zu mir, weil ich es wie die Sonne einen Planeten anziehe. Wenn ich auf die andere Seite gehe, dann geht es auf die andere Seite. Es hängt von meiner Stellung ab, auf welcher Seite das Pendel herunterfällt.

Aber nicht nur von mir, auch von Ihnen allen. Jemand greift nach seiner Nase – und schon ist meine Rechnung im Eimer. Oder ein Auto fährt vorbei, oder der Zug fährt am Hauptbahnhof ein, oder der Andromedanebel sendet ein Lichtquant ab, das dieses Pendel erreicht und letztlich entscheidet, in welche Richtung es fällt.

Das Pendel ist in dieser Stellung „ganz oben" nicht nur instabil. Dieser Instabilitätspunkt ist, besser ausgedrückt, ein „Punkt der höchsten Sensibilität". Die kleinste Änderung im Umfeld gibt den Ausschlag, ob das Pendel nach links oder rechts fällt. Sie kennen die Geschichte von dem Flügelschlag des Schmetterlings, der einen Taifun auslösen kann. Gewöhnlich wird nicht angemerkt, unter welchen Bedingungen dies nur geschieht, dass es nämlich dazu eine Wetterlage benötigt, die genau an der Kippe ist. Voraussetzung ist also eine Instabilitätslage. Statt von Instabilität zu reden, könnten wir auch sagen *höchste Sensibilität*. An dem Punkt höchster Sensibilität „spürt" das Pendel, was in der ganzen Welt los ist. Doch jetzt kommt es: An dieser Stelle „spürt" das Pendel nicht die alte Welt, sondern die neue Welt. Es „erlebt" jetzt dieses Hintergrundfeld, die Potenzialität, die keine Realität mehr ist, in dem alles mit allem zusammenhängt. Wir könnten auch sagen, das Pendel wird an diesem Punkt „lebendig". Es tritt in Kontakt mit dem Informationsfeld des Ganz-Einen.

Aber dieses aufregende Ereignis gelingt zunächst nur an diesem einen oberen Punkt, und dieser Punkt wird auch nach dem Herunterfallen nicht mehr erreicht. Einmal nur lebendig sein ohne Wiederkehr! Das reicht noch nicht aus für ein Leben, so wie die meisten von uns es verstehen. Ein bisschen mehr Lebendigkeit zu erleben, wäre schon nötig. Ist das möglich?

In diesem Pendel haben wir zwei Arretierungen. Ziehe ich die beiden Stöpsel heraus, wird das einfache Pendel jetzt zu einem Tripelpendel, einem Dreifachpendel: ein Pendel an einem Pendel an einem Pendel (siehe Abb.). Dieses Tripelpendel hat nun drei Möglichkeiten der Instabilität und damit mehr Chancen, das Leben zu erleben. Nicht nur dreimal so viel, sondern beliebig viel mehr, je geringer die Lagerreibung. Wenn ich dieses Pendel anstoße, dann geht es immer wieder über diese verschiedenen Sensibilitätspunkte hinweg. Man nennt das ein Chaos-Pendel. Man kann die Bewegung dieses Pendels nicht prognostizieren, weil es immer wieder in die 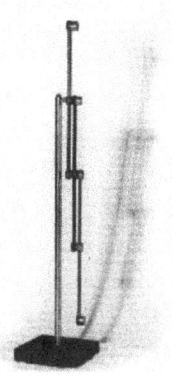 Instabilitätslage kommt, an der die sporadische oder chaotische Einwirkung der ganzen Welt oder, in moderner Sichtweise, seine hoch korrelierte Einbettung in den lebendigen Kosmos berücksichtigt werden muss. Bei der realen Ausführung verliert das Pendel wegen der Reibung immer mehr an Schwung, verliert stufenweise seine Sensibilität und kommt letztlich am untersten Punkt völlig zur Ruhe. Aber es ist dem, was wir Leben nennen, doch ein bisschen ähnlicher geworden. Auch wir kommen nach einiger Zeit mit unserem Tod letztlich zur Ruhe.

Auch ein paar Minuten lebendig zu sein, wie beim Tripelpendel, reicht für uns aber noch nicht aus. Wie können wir erreichen, dass dieses Pendel nicht abstirbt? Wie kann man erreichen, dass die Instabilität, die Sensibilität bedeutet, nicht verlorengeht, sondern erhalten bleibt? Ich muss sie – die Instabilität – stabilisieren. Führt dies nicht zu einem Widerspruch, wenn ich fordere, das Instabile zu stabilisieren? Nein. Und wir wissen das längst. Haben Sie sich schon einmal überlegt, warum wir auf zwei Beinen laufen? Wenn wir auf einem Bein stehen, ist das eigentlich instabil. Es wäre doch viel besser, auf vier Beinen zu stehen, immer in Sicherheit. Ein Bein gibt uns aber das Erlebnis, frei zu sein. Ich kann in jede gewünschte Richtung fallen, ein Glücksgefühl sozusagen. Ein zweites Bein hat auch dieses Glücksgefühl. Aber jedes Bein hat nur einmal die Chance. Doch es gibt einen Ausweg. Wenn die beiden Beine geeignet kooperieren und es ihnen gelingt, im Wechseltakt hintereinander diesen Punkt zu erreichen, also mein zweites Bein genau dann nach vorne schwingt, wenn ich auf dem ersten umfalle und umgekehrt, dann falle ich nicht mehr, sondern gehe beschwingt dahin. Ich habe meine beiden instabilen Systeme dynamisch stabilisiert.

Zwei instabile Systeme, die sozusagen das Entgegengesetzte machen, sind in diesem Falle keine Gegner, sondern Kollaborateure. Zusammen können sie ein Spiel inszenieren, das zu einer Bewegung führt, mit der ich kilometerweit durch die Gegend laufen kann, ohne zu fallen. Jetzt erst wird das Leben lebenswert, weil ich es so lange aufrechterhalten kann.

Das Paradigma des Lebendigen

Aber ich habe in diesem Beispiel etwas Wesentliches unterdrückt, das ich notwendig noch hinzufügen muss. Gehen ist nicht nur ein kooperierendes, ewiges Fallen, sondern bei jedem Schritt nach vorne muss das nach vorne geschwungene Bein etwas in die Knie gehen und sich wieder strecken. Ich muss ihm Energie zuführen, um nicht am Ende doch am Boden zu landen. Leben muss gefüttert werden! Das ist der Grund, warum wir essen müssen.

Durch energie-unterstützte dynamische Stabilisierung von Instabilitäten haben wir also die Möglichkeit, eine hohe Sensibilität, die uns in reichem Maße die Welt öffnet, lange Zeit aufrechtzuerhalten und damit einen möglichen Zugang zu dem, was wir in unserer Sprache als Lebendigkeit betrachten und erfahren. Der sensibilisierte Zustand, in dem wir auf innere Weise die Wirklichkeit wahrnehmen können, empfinden wir als einen Zustand der Inspiration. Ich bin sensibilisiert, das hat nichts mit Energie zu tun. Ich brauche die Energie nur, um in diese sensible Lage zu kommen. Für uns Lebewesen hier an der Erdoberfläche ist es die Sonne, die uns täglich die Energie liefert, die uns diese Möglichkeit eröffnet. Aber es ist nicht allein die Energie, die dazu nötig ist, sondern wir müssen sie auch geeignet einsetzen, was nicht automatisch geschieht, sondern unseren kreativen Einsatz erfordert, um die wesentlichen Signale zu empfangen.

Unsere Hauptschwierigkeit dabei ist, dass der Instabilitätspunkt von uns als unangenehm, ja zutiefst bedrohlich empfunden wird, da er eine Situation extremer Unsicherheit darstellt. Wir kommen in einen Konflikt: Entweder Sensibilität und Freiheit oder doch lieber Sicherheit. Sensibilität erlaubt „Erleben", die wir in gewisser Weise mit unserer Innenwahrnehmung in Verbindung bringen können und die uns eine höhere Orientierung erlaubt, sie verlangt jedoch andererseits, auf Sicherheit zu verzichten, uns loszulassen und uns zu öffnen, um eine solche Empfindsamkeit zu erreichen.

Die dynamische Stabilisierung ermöglicht eine stetige Höherentwicklung des Lebendigen auf unserer Erde. Die Sonne liefert uns dazu gewissermaßen die Energie. Aber nicht nur uns: Alle lebenden Systeme in der Welt werden vom Sonnenlicht genährt. Genau betrachtet, ist es nicht ganz richtig zu sagen, es sei die Energie der Sonne, die eine Rolle spielt. Die von der Sonne eingestrahlte Energie wird ja wieder in den Weltenraum zurückgestrahlt, sonst würden wir hier auf der Erde allmählich ins Sieden kommen. Es geht vielmehr nur um eine Ordnungseigenschaft, die Syntropie, die im aufgenommenen Sonnenlicht höher ist als in der abgegebenen Wärmestrahlung, von der alles Lebendige abhängt.

Wir haben hier im Lebendigen einen interessanten Prozess. Ich möchte es das „Paradigma des Lebendigen" (s. Abb.) nennen, das ganz andersartig ist als das „Paradigma des Unlebendigen". Letzteres erleben Sie jeden Tag an ihrem Schreibtisch. Wenn Sie den

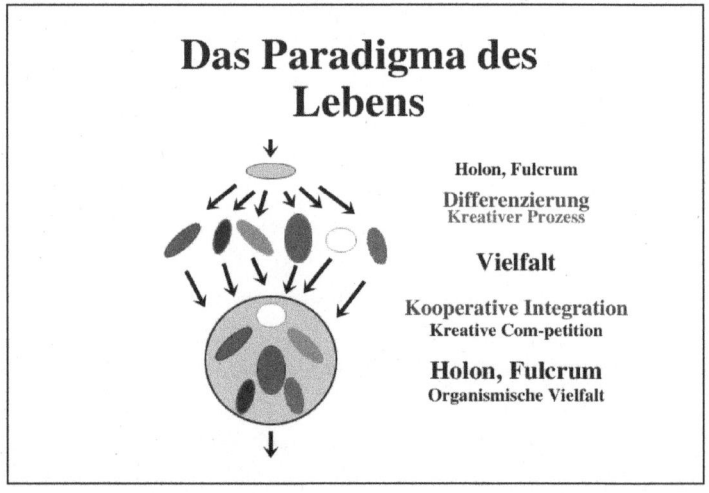

ganzen Tag herumhantieren, wird der Schreibtisch immer nur unordentlicher und nie ordentlicher. Das ist der zweite Hauptsatz der Thermodynamik oder, direkt einsichtig, die Aussage: In Zukunft passiert das Wahrscheinlichere wahrscheinlicher. Oder anschaulicher: Ein geordneter Schreibtisch ist eine unwahrscheinliche Konfiguration. In Zukunft wahrscheinlicher ist der unaufgeräumte Schreibtisch. Wenn er total unordentlich ist, dann können Sie noch stundenlang darin wühlen, und er wird nicht noch unordentlicher. Das nennt man den *thermodynamischen Grundzustand*, weil dem alles zustrebt.

Das ist der natürliche Endzustand. Aber wir, die wir am Wochenende den Schreibtisch mit ordnender Hand aufräumen, um wieder *erledigt* und *unerledigt* zu trennen oder Papiere anders zu ordnen, brauchen dazu Energie. Dabei ahmen wir gewissermaßen die Sonne nach. Aber wir brauchen auch eine Sensibilität, um erst das anzuschauen und zu bewerten, was wir ordnen wollen. Wenn ich das nämlich nicht anschaue, dann bin ich in der Situation wie beim Mischen von Spielkarten und führe die Unordnung nur noch schneller herbei. Im Lebendigen ist es dieser Prozess der ordnenden Hand, der zu einer Differenzierung führt. Das ist der lebenden Natur von vornherein eingeprägt oder von der überlebenden erlernt, dass alles danach strebt, sich zu unterscheiden, d.h. in verschiedenen Formen vorzukommen.

Aber diese Differenzierung bedeutet nicht, dass wir getrennte Dinge bekommen, sondern alles verbleibt noch im Ganzen verknüpft. Es ist so wie in einer Familie, wo jeder innerhalb eines Hauses ein anderes Zimmer aufsucht, aber keiner das Haus verlässt. Das heißt, für die Differenzierung brauche ich eine Neuschöpfung, Kreativität, die Fähigkeit, aus der gewohnten Reihe zu tanzen. Dies reicht jedoch nicht aus. Es muss sich daran ein kreativer Prozess anschließen, bei dem, was unterschiedlich ist, ein kooperatives Spiel beginnt, das eine organismische Integration erlaubt.

Differenzierung und Zusammenspiel

Wie können wir miteinander leben und zu einem neuen Ganzen finden? Dies erfordert ein Plus-Summen-Spiel, wo man die spezielle Eigenart nicht aufgibt, sondern jeder seine Unterschiedlichkeit behalten kann, wie bei einem Orchester ein Konzert gelingt, bei dem verschiedene Instrumente konstruktiv zusammenspielen und so das Ganze mehr wird als die Summe der Teile. Das ist das Paradigma des Lebendigen. Der erste Prozess ist die Individualisierung des Menschen, seine Emanzipation, und die müssen wir unterstützen. Wir wollen, dass die Menschen verschiedenartig sind. Denn wenn ich nur ein Bein habe, das an das andere geschnürt ist, falle ich genauso schnell wie mit einem Bein. Wir müssen zunehmend verschieden werden, damit wir immer mehr Stützfunktionen übernehmen können, die immer mehr dynamische Stabilisierungen ermöglichen. Erst dann können wir auf verrückte Weise durch die Welt gehen, ohne zu fallen.

Denken Sie an ein Kind, das Radfahren lernt. Das Fahrrad ist noch instabiler, als auf einem Bein zu stehen. Doch ich muss das Kind nur drei- oder viermal kurz halten, es fällt vielleicht einige Male hin, aber schon beim fünften Mal ist es so geschickt, dass es auf einmal losfährt. Es lernt, sich mit dieser Instabilität eine neue Dimension in der Welt zu erschließen. Das ist der Prozess der Evolution des Lebendigen. Aber diese Beherrschung einer neuen Instabilität verlangt Übung und braucht Zeit. Das Kreative, dass wir verschieden werden, die Emanzipation ist wichtig. Aber irgendwie müssen wir auch das kooperative Zusammenspiel lernen. Aber das ist gar nicht so unmöglich, wie wir glauben, weil wir ja alle trotz Differenzierung miteinander verbunden sind und es immer bleiben. Wir sind nicht wirklich getrennt. Wir haben bereits eine lange gemeinsame Entwicklung hinter uns, auf der wir aufbauen können.

Sie können sich deshalb unser Biosystem wie ein großes Kartenhaus vorstellen, auf dessen Spitze wir sozusagen herumtanzen, als ob wir nicht wüssten, dass wir auf einen Kartenhaus balancieren (s. Abb.). Das Kartenhaus soll hier symbolisieren, dass alles Lebendige auf Instabilität aufgebaut ist. Das Kartenhaus ist allerdings nur ein mangelhaftes Gleichnis, weil seine Stabilität von der Reibung der Karten aneinander abhängt und nicht wie im Biosystem die Stabilisierung dynamisch erreicht wird. Die Sonne beschäftigt gewissermaßen 450 Milliarden „Energiesklaven", wie ich das nenne, um die Karten immer wieder neu zu justieren und einen Kollaps des Kartenhauses, den Kollaps des Biosystems, zu verhindern. Ein Energiesklave ist das Äquivalent einer viertel

„Biosystem"

„Viele Menschen denken, sie seien die Krone der Schöpfung, und tollen auf dem Kartenhaus herum. Dabei sehen sie nicht, dass Karten herausfallen und so das eigene Fundament in Mitleidenschaft gezogen wird."

Fotomontage: Seidel/Weidlich

Pferdestärke, der zwölf Stunden am Tag ununterbrochen arbeitet. Diese Umrechnung habe ich aus einer Erfahrung nach dem Kriegsende abgeleitet, als die Bauern keine Pferde mehr hatten und vier kräftige erwachsene Männer nötig waren, um gemeinsam einen Pflug zu ziehen. Dies allerdings nur für jeweils kurze Zeit, um sich zu verschnaufen, keinesfalls für ganze 12 Stunden, wie dies mein Energiesklave können muss.

Die Sonne hat also 450 Milliarden Energiesklaven, um das ganze Biosystem zu stabilisieren. Es ist wichtig, dass wir uns die Frage stellen, wie sehr und auf welche Weise wir auf diesem Kartenhaus herumtoben dürfen, ohne dass es kollabiert. Wir haben nicht nur sechseinhalb Milliarden Menschen auf dieser Erde, sondern diese Menschen ersetzen ihre schwachen Körperkräfte durch eine Vielzahl kraftvoller Maschinen. Und dazu brauchen wir Energie, nicht nur die Energie, die wir selbst aufnehmen für unsere lebendige Existenz, sondern auch die, mit der wir unsere Maschinen betreiben. Wenn wir die Primärenergie, die wir dafür brauchen, umrechnen, dann beschäftigen die jetzt sechseinhalb Milliarden Menschen etwa 140 Milliarden Energiesklaven. Das ist weit mehr als ein Viertel der Energiesklaven, die die Sonne zur Stabilisierung des ganzen Biosystems benötigt. Wie viel ist uns erlaubt?

Das ist für uns und andere Kreaturen eine Überlebensfrage. Beobachtungen über die Robustheit unseres Biosystems, die sich in Veränderungen seiner Artenvielfalt widerspiegeln, legen nahe, dass die maximale Belastung des Biosystems durch unsere Eingriffe bei weniger als ein Viertel der Stabilisierungsleistung der Sonne, also etwa bei 100 Milliarden Energiesklaven liegt. Wir liegen also bei unserer jetzigen Belastung eigentlich schon darüber, was sich auch schon in einer beängstigenden Schrumpfung der Artenvielfalt anzudeuten scheint.

Ich möchte noch einen andern Punkt hervorheben. Die Höherentwicklung des Lebendigen durch Kombination aus Differenzierung und das kooperative Zusammenspiel von Verschiedenartigem ergibt eine neue Ganzheit, ein neues Holon. Auch der Mensch ist so ein Ganzes, das eine gewisse Abgeschlossenheit hat. Aber wenn Sie sehen, wie viel Gegensätzliches in uns wirkt, auf wie vielen Ebenen wir immer wieder dieses Gleichgewicht herstellen müssen, dann offenbart sich hier eine hoch-integrierte, eine globale Struktur des Systems. Globalisierung ist also an sich nichts Schlechtes, im Gegenteil, es ist eine Notwendigkeit, um eine höhere Entwicklungsstufe zu erklimmen, aber es bedeutet zwingend, dass die Verschiedenartigkeiten ein Plus-Summen-Spiel inszenieren müssen, das sich nicht nur als miteinander verträglich erweist, sondern wo auch der Vorteil des einen im Durchschnitt zum Vorteil der anderen gereicht. Es kann nicht eine Gruppe von Menschen sagen, diese oder jene Eigenschaft ist wichtiger oder wertvoller und soll deshalb globalisiert werden und alles Übrige wird unterdrückt und als Störenfried behandelt. Wir müssen dafür sorgen, dass alle Kulturen dieser Welt in ihrer Substanz bestehen bleiben und in die angestrebte überwölbende Kultur hineingenommen werden. Denn nur die Summe aller dieser Kulturen kann in diesem Zusammenspiel eine Weltkultur schaffen, die ein neues 'Holon' bildet, das eine höhere Entwicklungsstufe ausweist. Wenn eine Kultur meint, sie sei die eine wesentliche Kultur, der sich alle anderen unterordnen müssten, dann würde dies bedeuten, dass wir alle diese Beine gewaltsam zusammenbinden und dann, in Folge einer Verletzung des Paradigmas des Lebendigen, alle gemeinsam stolpern und fallen werden.

Vielfalt und Bedeutung

Was „höhere" Strukturen bedeuten und wie sie funktionieren, das zeigt auch die DNS. Die Information, die in der DNS steckt, hat eine gewisse Ähnlichkeit mit einen Gedicht. Auch in einem Gedicht von Goethe (s. Abb. nächste Seite) sehen Sie zunächst einzelne Buchstaben, die nebeneinander stehen. Sie sind jedoch auf raffinierte Weise in gewisse Ordnungsstrukturen auf verschiedenen Ebenen eingebunden, gewisse Buchstabenfolgen, die man benennen und genau untersuchen kann. Da sind zunächst Buchstabenkombinationen, die als Worte einen Sinn ergeben, der den einzelnen Buchstaben nicht anhaftet. Das heißt, ich entdecke einen neuen Wert, eine neue Information. Wenn ich die Worte hintereinander setze, bekomme ich einen Satz, der einen neuen Sinn gebiert, und die Sätze ergeben zusammen eine Strophe mit weiterer Sinnbereicherung. Insgesamt wird das Gedicht zu einem nicht-zerlegbaren Ganzen, bei dem erst das Ende den Anfang ganz verständlich werden lässt. Ich kann das nicht einfach zerreißen, indem ich hier gewisse Sätze herausnehme oder andere aus einem anderen gescheiten Buch hineinnehme. Aber so machen wir das mit der Genmanipulation. Das ist ein Ganzes, und diese eingeprägte Ordnung ist ganz subtil hochdimensional aufeinander abgestimmt.

Grenzen der Menschheit (Johann Wolfgang v. Goethe)

Wenn der uralte,
Heilige Vater
Mit gelassener Hand
Aus rollenden Wolken
Segnende Blitze
Über die Erde sät,
Küss ich den letzten
Saum seines Kleides,
Kindliche Schauer
Treu in der Brust.

Denn mit Göttern
Soll sich nicht messen
Irgendein Mensch.
Hebt er sich aufwärts
Und berührt
Mit dem Scheitel die Sterne,
Nirgends haften dann
Die unsicheren Sohlen,
Und mit ihm spielen
Wolken und Winde.

Steht er mit festen,
Markigen Knochen
Auf der wohlgegrün-
deten
Dauernden Erde
Reicht er nicht auf,
Nur mit der Eiche
Oder der Rebe
Sich zu vergleichen.

Was unterscheidet
Götter von Menschen?
Dass viele Wellen
Vor jenen wandeln,
Ein ewiger Strom:
Uns hebt die Welle,
Verschlingt die Welle,
Und wir versinken.

Ein kleiner Ring
Begrenzt unser Leben,
Und viele Geschlechter
Reihen sich dauernd
An ihres Daseins
Unendliche Kette

Es nützt mir auch nichts, wenn ich dieses Gedicht hier hinschreibe und sage, es ist ein wertvolles Gedicht. Es braucht auch mich, der ich Deutsch verstehe und weiß, dass Goethe ein berühmter Dichter ist, so dass es eine Anstrengung lohnt, hier einen tieferen Sinn dahinter zu vermuten, weshalb ich mich auch um ein Verständnis bemühe. Aber wenn jemand diese Sprache nicht kennt, dann sieht er nur das, was in diesem Goethe-Gedicht objektiv feststellbar ist, nämlich die Häufigkeit und die Aufeinanderfolge der Buchstaben, die eine gewisse Regelmäßigkeit aufweisen. Die Ordnung der Buchstaben kann ich in ihrer Wahrscheinlichkeit und Unwahrscheinlichkeit ausrechnen und das Gedicht auch mit Zahlen kennzeichnen, z.B. wie unwahrscheinlich es ist, diese Buchstaben genau so anzuordnen, also eine Syntropie als ein Maß für die Unwahrscheinlichkeit in der Anordnung der Buchstaben, um damit einen „objektivierbaren" Wert des Gedichts zu ermitteln. Diese nüchterne, objektive Betrachtung kann ich simulieren, indem ich in dem Gedicht die Buchstaben im Alphabet spiegele, also A mit Z, B mit Y und so weiter vertausche (s. Abb.). Jetzt lesen Sie das Gedicht, als ob sie nicht Deutsch können. Aber seine objektiven Eigenschaften bezüglich der Häufung und Anordnung der Symbole, ihrer Wahrscheinlichkeit und Unwahrscheinlichkeit im Gesamtkontext haben sich durch die Umbenennung nicht verändert und damit auch seine objektive „Wertschätzung". Das heißt, wissenschaftlich oder auch wirtschaftlich objektiv betrachtet und bemessen, gibt es zwischen der ersten und zweiten Version keinen Unterschied.

TIVMAVM WVI HXSSVRG
Qlszmm Dloutzmt elm Tlvgsv

Dvmm wvi fizogv,
Svrortv Ezgvi
Nrg tvozhhvmvi Szmw
Zfh iloovmwvm Dlopvm
Hvtmvmwv Yorgav
:Fyvi wrv Viwv h:zg,
P:fhh rxs wvm ovgagvm
Hzfn hvrmvh Povrwvh,
Prmworxsv Hxszfvi
Givf rm wvi Yifhg

Wvmm nrg T:lggvim
Hloo hrxs mrxsg nvhhvm
Ritvmwvrm Nvmhxs.
Svyg vi hrxs zfud:zigh
Fmw yvi:fsig
Nrg wvn Hxsvrgvlo wrv
Hgvimv,
Mritvmwh szugvm wzmm
Wrv fmhhrxsvivm Hlsovm,
Fmw nrg rsn hkrvovm
Dlopvm fmw Drmwv

Hgvsg vi nrg uvhgvm,
Nziprtvm Pmlxsvm
Zfu wvi dlsotvti:fmwvgvm
Wzfvimwvm Viwv
Ivrxsg vi mrxsg zfu,
Mfi nrg wvi Vrxsv
Lwvi vi Ivyy
Hrxs af evitovrxsvm.

Dzh fmgvihxsvrwvg
T:lggvi elm Nvmhxsvm?
Wzhh ervol Dvoovm
Eli qvmvm dzmwvom,
Vrm vdrtvi Hgilm:
Fmh hvyg wrv Dvool,
Evihxsormtg wrv Dvool,
Fmw dri evihrmpvm

Vrm povrmvi Irmt
Yvtivmag fmhvi Ovyvm,
Fmw ervol Tvhxsovxsgvi
Ivrsvm hrxs wzfvimw
Zm rsivh Wzhvrmh
Fmvmworxsv Pvggv.

Für mich ist dieses Buchstaben-Gespiegelte Goethe-Gedicht ein gutes Beispiel dafür, wie wir unsere äußere Welt sehen. Wir nehmen da schon einige Dinge wahr, die Artenvielfalt der lebenden Natur zum Beispiel. Welche enorme Vielzahl herrscht in der Natur im Vergleich zu den relativ wenigen Symbolen, Buchstaben und Trennungszeichen in unserem Gedicht. Unsere Folgerung lautet: Gott hatte Freude, alle diese verschiedenen Tiere und Pflanzen zu machen. Aber warum genau die und einige mehr und andere weniger? Wir haben dafür Darwins Theorie. Und wie erscheint dies uns im gespiegelten Gedicht? Ähnlich, aber doch wesentlich simpler. Einige Buchstaben kommen nur ganz wenig vor, andere wieder überraschend oft, doppelte Buchstaben nur selten und beschränkt auf ganz wenige? Wir sehen vielleicht Regelmäßigkeiten und könnten sogar versucht sein, Theorien zu ihrer Erklärung zu finden. In beiden Fällen erscheint klar, dass die Vielfalt eine wichtige Rolle spielt, aber wir verstehen den Zusammenhang nur ganz ungenügend oder gar nicht.

Dieses Unverständnis ist der Grund, warum wir als analytisch denkende Menschen den Eindruck haben, wir müssten die Welt verbessern, geeignet umordnen, sie sozusagen übersichtlicher und effizienter als die geschaffene einrichten, im Glauben, wir hätten ja ausreichend gelernt, was wichtig und was unwichtig ist. Dann schreiben wir dieses Gedicht auf eine neue Art und Weise (s. Abb.), fein sortiert nach den Buchstaben des Alphabets. Damit wird es für uns sozusagen handhabbar. Jetzt muss ich nicht alle „n" heraussuchen, sondern habe sie alle in eine Reihe geschrieben und bilde mir ein, der Mensch könne mehr als die Natur.

Vieles simuliert die Situation, in der wir uns heute befinden, einer vom Menschen gemachten Welt, die wir dann auch technisch erforschen. Da können wir auch die Zeilen noch ein bisschen miteinander vertauschen. Es gibt noch viele Möglichkeiten, es anders zu machen. Aber die tiefer verankerte Bedeutung, den

Sinn im Ganzen haben wir selbstverständlich durch unser Unverständnis und die daraus resultierende Umdeutung verloren. Das
ist der Grund, warum wir bescheidener werden sollten, die von
uns – insbesondere in ihrem Beziehungsgefüge – nur ganz beschränkt wahrgenommene Welt radikal zu verändern, da wir Gefahr laufen, unsere eigenen Lebensgrundlagen zu zerstören und
uns damit aus der Evolution des Lebendigen zu verabschieden.

```
AAAaaaaaaaaaaaaaaaaaaaaaa
BBBbbbbbb
Cccccccccccccccccccccccc
DDDDDDDddddddddddddddddddddddddddddddddddddd
EEEEEEEEEEEEeeeeeeeeeeeeeeeeeeeeeeeeeeeeeeeeeeeeeeeeeeeeeeeeeeeeeeeeeeeeee
eeeeeeeeeeeeeeeeeeeeeeeeeeeeeeeeeeeeeeeeeeeeeeeeeeeeeeeeeeeeeeeeeeeeeeeeee
ffffffff
GGGGGGGggggggggggggggg
HHHHHHhhhhhhhhhhhhhhhhhhhhhhhhhhhhhhhhhhh
IIiiiiiiiiiiiiiiiiiiiiiiiiiiiiiiiiiiiiiiiiiiiiiiii
Jj
KKKKkkkkk
LllllllllllllllllllllllllllllllllIllIIll
MMMMMMmmmmmmmmmm
NNNNNnnnnnnnnnnnnnnnnnnnnnnnnnnnnnnnnnnnnnnnnnnnnnnnnnnn
nnnnnnnnnnnnnnnnnnnnnnnnnnnn
OOoooooooooooooooooo
p
RRRRRRrrrrrrrrrrrrrrrrrrrrrrrrrrrrrrrrrrrrrrrrrrrrrrr
SSSSSSSSSSSSsssssssssssssssssssssssssssssss
TTTttttttttttttttttttttttttttttttttttttttttt
UUUUUUUuuuuuuuuuuuuuuuuuuuuu
VVVvvvvvv
WWWWWWWWWwwwwww
Zzzzz
......
,,,,,,,,,,
?:
```

Das neue Weltbild und unsere Lebenssphäre

Die Wirklichkeit ist ein nicht-auftrennbares, immaterielles Beziehungsgefüge, eine Art „Erwartungsfeld" für zukünftig mögliche
energetisch-materielle Manifestationen. Die Zukunft ist dabei

wesentlich offen, was heißen soll, dass sie nicht ganz beliebig offen, sondern durch gewisse allgemeine Bedingungen eingeengt ist, die mit den sogenannten Erhaltungssätzen zusammenhängen und aus Symmetrie-Eigenschaften der Dynamik resultieren. Hierzu gehört insbesondere die Erhaltung der Energie, welche die „Masse", nach Einstein, als eine konzentrierte Form der Energie einschließt, doch auch die Erhaltung der elektrischen Ladung und anderer. Sie sorgen dafür, dass bei der Mittlung im Großen überhaupt Eigenschaften, die Kenngrößen der klassischen Physik, übrig bleiben und greifbar werden.

Unbelebtes und Belebtes sind nicht mehr grundsätzlich unterschiedlich, sondern erscheinen als statisch stabile bzw. dynamisch stabilisierte statisch instabile Agglomerate, besser: Artikulationen, geformte Teilhabende des Ganz-Einen. Mit der wichtigen Konsequenz: Mensch und Natur sind, wie alles, bei dieser Sichtweise prinzipiell nicht getrennt. Das bedeutet nicht, dass sich im Großen nicht qualitative Unterschiede herausbilden können, wie insbesondere die Möglichkeit kreativer Gestaltung im Rahmen der bedingt offenen Zukunft.

Die prinzipielle Offenheit der Zukunft hat wesentliche Folgen für unser Verständnis der Welt, ihrer Entwicklung und unserer Beziehung zu ihr.

Wie stellen sich die Wissenschaftler der klassischen Physik den Anfang der Welt vor? Am Anfang war ein „Big Bang". In diesem Urknall muss die ganze Wirklichkeit angelegt sein, alles, was die Forscher über ihre auf etwa 15 Milliarden Jahre bezifferte Vergangenheit durch ihre Beobachtungen herausgefunden haben oder wenigstens vermuten, und alles, was je in Zukunft passieren wird. Alles muss am Anfang eingebaut sein, nichts darf vergessen werden. Alles, was je geschieht, ist einfach nur eine Entfaltung dessen, was schon im Grunde am Anfang angelegt ist. Das ist in seiner Starrheit nicht sehr befriedigend.

Die neue Auffassung hingegen vertritt die Meinung: Die Schöpfung ist nicht abgeschlossen, sie ereignet sich in jedem Augenblick neu, und wir sind alle als Teilhabende eines nicht-auftrennbaren Kosmos am fortlaufenden Schöpfungsprozess beteiligt.

Die Frage nach Gott, insbesondere im Sinne eines Schöpfergottes, ist nicht zulässig, da sie ins Leere zielt. Wenn Leute mich fragen: „Was bist du denn?" „Glaubst du an Gott? Bist du ein Monotheist oder ein Pantheist oder was?" Dann sage ich oft: „Ich bin ein „Atheist"." Hierbei soll aber, wie im Sanskrit, die Vorsilbe A- nicht eine Verneinung bedeuten, sondern das Ziel der Frage für ungültig erklären. Anders ausgedrückt: Gott ist für mich, was nicht gezählt werden kann, weil es das Ganz-Eine meint, nämlich *Advaita*, das Unauftrennbare. Das heißt, die Frage: „Wie viele Götter gibt es?", ist eine unsinnige Frage, wie die Frage nach der Farbe eines Kreises. Nur in diesem Sinne bin ich ein A-theist. Aber ich bin kein Atheist in dem Sinne eines Ungläubigen, da ich nicht an einem über unser Verständnis hinausgehenden Zusammenhang zweifele: Ein einziges Beziehungsgefüge, das viele Namen hat – und alle diese sind nur Gleichnisse. Wir können es Geist oder Liebe nennen. Die Liebe ist das, was für mich am besten zum Ausdruck bringt, was wir als „alles miteinander zusammenhängend" empfinden, und zwar in der sich ständig wandelnden Form eines geistig-lebendigen Kosmos und auf eine Weise, wie wir sie individuell unmittelbar durch Empathie erleben. Im letzteren Sinne wäre ich ein „liebender Atheist".

Es ist ganz wichtig, dass wir uns nicht als Teile, sondern als Teilhabende dieses Kosmos erfahren, der sinngemäß die Beziehung und nicht das Dingliche betont, und es deshalb auf uns alle ankommt. Wir sind Mitschöpfer. Die zukünftige Entwicklung hängt von uns ab. Wir können selbstverständlich die Welt nicht beliebig ändern, aber wir sollten wissen, dass wir mit unseren Entscheidungen auch immer zum Gesamten beitragen. Andererseits sind jedoch unsere Entscheidungen selbst schon immer eingebettet und eingebunden in etwas, das wir mit Allem gemeinsam haben, was das streng Private jeder persönlichen Entscheidung relativiert. Auf Grund dieser Vorstellungen stellen wir fest: Wenn wir die Welt verändern wollen, dann ist es nicht notwendig, dass wir mit sechseinhalb Milliarden Menschen einen Dialog beginnen müssen. Den Dialog brauchen wir kaum, um den anderen zu überzeugen, sondern nur, um ihn/sie daran zu erinnern, was er/sie eigentlich schon weiß.

Denn wir haben dreieinhalb Milliarden Jahre derselben Entwicklung hinter uns. Diese Entwicklung hat nicht mit unserer energetisch-materiellen Realisierung, unserem Körper, zu tun, denn was sozusagen unsere „Software" ist, die ist nicht in unserem Körper eingeschlossen, sondern gewissermaßen überall, in anderen Räumen, und wir sind alle angeschlossen. Das ist eine Art Internet-Version, die ich abrufen kann. Ich kann herausbekommen, wo die anderen sind und auch meine eigenen Entscheidungen daran ausrichten. Wir sind nicht wie ein Materieklumpen allein in der Welt und nur über Wechselwirkungen mit der Umgebung in Verbindung, sondern wir sind eingebettet in das Ganz-Eine, so dass wir schon etwas wissen, das wir weitergeben, und darüber hinaus gewisse Prozesse verstärken können, die wirklich zukunftsfähig sind.

Die Endlichkeit des irdischen Ökosystems – Energie und Ordnung

In unserer vergröberten Sprechweise können wir von Teilen des Kosmos sprechen, so von unserem Sonnensystem mit seinen Planeten und unserer Erde, als einem von diesen. Die Abtrennung unserer Erde vom Übrigen gilt im hohen Maße, aber sie gelingt selbstverständlich nicht im strengen Sinne. Die gravitative Anziehung zwingt die Erdkugel auf eine Ellipsenbahn um die Sonne. Unsere Lebenswelt, das irdische Ökosystem, ist nur ein winziger Teil dieser Erde, eine dünne, etwa zwanzig Kilometer dicke Haut, etwa zehn Kilometer Atmosphäre über und zehn Kilometer unter der Erdoberfläche, und im engeren Sinne eigentlich auch nur dort, wo bewohnbares Land ist. Das meiste sind Ozeane und Gebirge. Diese Lebenswelt betrachten wir als relativ abgeschlossen. Dies gilt im hohen Maße für ihre materielle Basis. Die Vulkane werfen ab und zu noch etwas vom Inneren der Erde an die Oberfläche und versorgen sie lebensnotwendig und für den Menschen dann auch Kultur prägend, wenn wir an die Waffenentwicklung und Industrialisierung denken, mit Schwermetallen. Von überragender Bedeutung ist jedoch, dass unser Ökosystem offen ist im Bezug auf die arbeitsfähige Energie, die von der Sonne eingestrahlt wird. Sie bildet die notwendige Voraussetzung für alles Lebendige, einschließlich uns Menschen. Diese Quelle steht uns täglich zur Verfügung.

Es gibt also im Hintergrund die Möglichkeit eines Wachstums, aber nur aufgrund dieser Energie. Mit der Materie in ihren verschiedenen Erscheinungsformen, dem Material, das wir etwa aus den Bergwerken holen, müssen wir sorgsam umgehen, sonst geht sie uns durch Zerstreuung verloren. Kupfer beispielsweise verschwindet nicht wirklich, sondern wird nur durch vielfältigen Gebrauch in alle Gegenden verstreut. Prinzipiell könnte es mit großem Energieaufwand wieder eingesammelt werden, was durch eine sorgfältige Rezyklierung enorm erleichtert wird. Auch die eingestrahlte geordnete Sonnenenergie wird wieder als weniger geordnete Wärmeenergie abgestrahlt, weshalb es letztlich nur auf ihre Ordnungseigenschaft, ihre Arbeitsfähigkeit ankommt.

Aufgrund dieser Rahmenbedingung wird die Forderung nach Nachhaltigkeit für unser Ökosystem existenziell relevant. Eine Verletzung der Nachhaltigkeit sehen wir am besten in der Stoffwirtschaft. Wir haben immer weniger Stoffe, es gehen uns Stoffe aus, und da hilft es letztlich nur, sie wieder einzusammeln. Noch offensichtlicher ist es in unserer Energiewirtschaft. Wir verbrauchen dauernd arbeitsfähige Energie. Woher nehmen wir diese Energien, wenn nicht von der Sonne? Wie verwenden wir diese Energien? Wenn wir nicht-erneuerbare Brennstoffe verwenden, was geschieht mit dem nicht rezyklierten Abfall? Da ist unser CO_2-Problem mit der Klimaproblematik, aber auch die Frage einer „sicheren" Endlagerung der abgebrannten radioaktiven Brennstäbe unserer Atomkernreaktoren.

Was sind unsere Energiequellen heute? In der Vergangenheit haben wir zunächst nur von der Sonne gelebt, indem wir mit den Tieren die Sonnenenergie auf dem Umweg über die Fotosynthese der Pflanzen als Nahrung und Baustoff direkt verwendet haben; später zusätzlich auf doppeltem Umwege über Tiere als Nahrung und Arbeitskraft. Dann haben wir die fossilen Brennstoffe Kohle, Erdöl und Erdgas entdeckt. Das ist über Millionen von Jahrhunderten angesammelte Sonnenenergie, die wir jetzt hauptsächlich verbrauchen. Sie hat die industrielle Revolution ermöglicht. Seit Mitte des letzten Jahrhunderts kam als neue Energiequelle die Atomkernspaltung dazu, insbesondere des schwersten natürlich vorkommenden Elements, des radioaktiven Urans, das in Supernova-Explosionen vor mehr als fünf Milliarden Jahren im Weltall erzeugt wurde und wegen seiner Halbwertszeit in der Größenordnung des Erdalters von 4,5 Milliarden Jahren überlebt hat. Das sind also die Energiequellen, über die wir im Augenblick verfügen.

Indem wir fossile Brennstoffe verwenden, machen wir offensichtlich etwas, was irreversibel und damit nicht nachhaltig ist. Wir leben also in einer Art Bankräubergesellschaft: Wir stellen mit eigener Kraft Schweißgeräte her und brechen damit einen Naturtresor nach dem anderen auf, nehmen dessen Schätze und Energie heraus, um neue Schweißgeräte zu machen. Selbstverständlich erlaubt dies ein gutes Leben. Es ist eben lukrativer, ein Chauffeur der Mafia zu sein, als bei einer NGO, weil er viel besser bezahlt werden kann. Offensichtlich ist Raubbau allemal betriebswirtschaftlich viel günstiger und wettbewerbsfähiger als echte Wertschöpfung.

Es ist also nicht nur die Ressource, um die es geht. Derzeit gehen die fossilen Brennstoffe zu Ende. Jetzt heißt es, in Deutschland insbesondere, was machen wir mit der Atomkraft? Wir brauchen sie unbedingt, weil das Öl zu Ende geht. Man führt eine Diskussion, die wir vor dreißig Jahren geführt haben. Nur ein Satz: Das ist etwas, das wir überhaupt nicht tun dürfen!

Wie wird die Sonnenenergie entsorgt? Sonnenenergie wird eingestrahlt, und die von der Erde verbrauchte Sonnenenergie wird als Wärmestrahlung wieder in den Weltraum zurückgenommen. Zum Glück ist der Nachthimmel schwarz und damit sozusagen als ideale Müllkippe geeignet, diese Wärmestrahlung wieder aufzunehmen, sonst würden wir hier auf der Erde ins Kochen kommen. Der Nachthimmel ist schwarz, weil wir in einem Universum leben, das expandiert.

Dann haben wir das CO_2, als Endprodukt der Kohlenstoff-haltigen Brennstoffe, und das macht uns eben Sorge. Wir nehmen die Kohle aus der Erde und blasen sie verbrannt als Gas in die Atmosphäre. Nun haben wir festgestellt, obwohl es nur minimale Mengen sind, beeinflussen sie das Weltklima auf ganz kritische Weise. Die Menschheit wird nicht zugrunde gehen, wenn das Klima sich verändert, aber wir werden in große Schwierigkeiten kommen. Ich möchte darauf aufmerksam machen, dass es nicht nur diese 6,6 Milliarden Tonnen Kohlenstoff oder 24,2 Milliarden Tonnen CO_2 sind, die wir jährlich in die Atmosphäre schicken. Wir machen durch chemische Düngemittel auch noch das Mikroleben im Humus kaputt, wodurch weiteres Kohlendioxid, vergleichbar mit dem Ausstoß aller Autos, in die Atmosphäre kommt. Dies soll nur als ein Hinweis gelten, auf wie vieles andere wir achten müssen, wie auch auf die Schonung der Regenwürmer, die in den gemäßigten Zonen die Blätter unter die Erde bringen, damit sie nicht mit dem Sauerstoff in Verbindung kommen, sondern Humus bilden. Es hängt ja alles zusammen.

Nun doch noch einige Worte zur Kernenergie. Sie ist zunächst eine fossile Energie, eine Energie, die uns nicht von außen zugefüttert wird. Ihr Verbrauch ist deshalb irreversibel und zeitlich nur ganz begrenzt möglich. Das ist jedoch nicht so wichtig. Bemerkenswert ist vielmehr, dass die Kernenergie eine eine Million Mal höhere Energiedichte als die Sonnenenergie hat. Selbst die Sonnenenergie wird in ihrem intensivsten grünen Bereich für die Pflanzen schädlich, weil sie die Fotosynthese stört. Das ist der Grund, warum unsere Pflanzen grün sind. Nicht weil sie davon Nutzen haben wollen, sondern weil sie sich schützen müssen gegen dieses intensive grüne Licht. Ganz allgemein sind Energieträger mit hoher Energiedichte für das Biosystem gefährlich. Dies ist ein Hinweis, dass es in der Frage zukünftiger Energieversorgung nicht nur auf die begrenzten Ressourcen an Brennstoffen ankommt und einer geeigneten Entsorgung ihrer verbleibenden Endprodukte. Wir müssen vielmehr mögliche andere Störungen des Biosystems durch vom Menschen in Gang gesetzten Energieumsatz im Auge behalten. Die von uns erkannte Klimaproblematik erscheint dabei – trotz ihrer nur kaum abschätzbaren möglichen schwerwiegenden Konsequenzen für die Menschheit in Form von Verlust an Lebensqualität, Völkerwanderungen und Dezimierung – nur wie die Spitze eines Eisbergs.

Wir sprechen heute von den Grenzen der fossilen Brennstoffe, insbesondere von dem knapper werdenden Erdöl, dessen maximale Förderung wir in diesen Jahren erwarten, und stellen uns die Frage nach einem geeigneten Ersatz, wobei die Atomenergie wieder vermehrt in Betracht gezogen wird. Kaum jemand spricht darüber, wie wild wir eigentlich in unserem Biosystem herumtoben dürfen, ohne die Metastabilität des Biosystems irreversibel zu gefährden. Konkret die Frage: Wie viele Menschen können auf dieser Erde, d.h. in unserer kleineren Lebenswelt, leben? Besser: Wie viel Energie dürfen wir Menschen für unsere Zwecke maximal umsetzen oder wie viele Energiesklaven dürfen von uns maximal eingesetzt werden? Die sechseinhalb Milliarden Menschen sind nämlich dabei gar nicht ausschlaggebend, es sind vielmehr ihre 140 Milliarden Energiesklaven. Wir brauchen eine Geburtenkontrolle der Energiesklaven!

Ich habe bereits erwähnt, dass etwa 100 Milliarden Energiesklaven die Belastungsgrenze des Biosystems sind. Das ist immerhin über ein Fünftel der Stabilisierungsenergie des Biosystems. Das zeugt von enormer Robustheit des Biosystems, einer Firma, die dreieinhalb Milliarden Jahre nicht Pleite gegangen ist. Sie stürzt nicht mit dem ersten Tritt vors Schienbein zusammen, sondern erträgt noch einen Unruhestifter unter fünfen, aber mehr nicht. Ich weiß nicht, wie eine menschliche Gesellschaft funktioniert, wenn jeder Fünfte ein Quertreiber ist, ob sie das noch aushalten würde.

Neue Lebensstile

Es geht einfach um die Stabilitätsfrage, und deshalb ist aus meiner Sicht die größte Herausforderung für uns: Können wir Lebensstile entwickeln, die im Einklang damit stehen, dass wir die Tragfähigkeit des Biosystems nicht überfordern, dass wir ihre dynamische Stabilisierung erhalten und insgesamt nicht über den Einsatz von 100 Milliarden Energiesklaven hinausgehen. Bei sechseinhalb Milliarden Menschen auf der Erde heißt das: Pro Person 15 Energiesklaven – in Japan nennen sie dies 1 ecoson – und nicht mehr.

Jetzt können Sie sich fragen, wo sind denn diese Energiesklaven? Sie sind jedenfalls sehr ungleich verteilt (s. Abb. nächste Seite). Im Schnitt hat ein Amerikaner 105 Energiesklaven, wir in Mitteleuropa haben 53, die Chinesen haben 10 und in Bangladesch hat jeder nur einen. Im Durchschnitt kommen wir auf die 140 Milliarden Energiesklaven. Die Aufgabe wäre: Wir dürfen nicht mehr als 15 Energiesklaven haben. Wenn wir mehr haben, dann muss irgendwer in der Welt darunter bleiben.

Das ist eine Begrenzung, die nichts mit der Ressource zu tun hat, sondern mit der Stabilisierung des Systems, in dem wir eingebettet sind. Das ist selbstverständlich eine herbe Erfahrung. Aber es ist auch eine gute Erfahrung, denn damit ist es nicht notwendig, dass wir uns auf eine Energiezukunft vorbereiten müssen, wo im

Jahr 2040 vielleicht 7,6 Milliarden Menschen auf der Erde leben, die alle das Ziel haben, so zu leben wie heute die Amerikaner. Das geht dann schlicht und einfach nicht. Damit würden wir auf 900 Energiesklaven kommen und müssten acht weitere Erden aus dem Keller holen. Das geht schon aus anderen Gründen nicht, wie etwa des Trinkwassers.

Pro-Kopf Primärenergieverbrauch 2003 Erdteile		
Land	Leistung an Primärenergieträgern	Zahl der Energie-Sklaven
Welt	2, 200 kW	22
Arabische E.	21,610 kW	216
Kanada	12,252 kW	123
USA	10,460 kW	105
Amerika	5,071 kW	51
Europa	4,407 kW	44
Australien	7,672 kW	77
Neuseeland	6,345 kW	63
China	1,035 kW	10
Asien	0,982 kW	10
Indien	0,677 kW	7
Indonesien	0,624 kW	6
Afrika	0,372 kW	4

Wir müssen daher Lebensstile entwickeln, die innerhalb dieser 15 Energiesklaven möglich sind. Das ist kein Leben in Sack und Asche, sondern das Leben eines Schweizers von 1969 (wobei wir die heute mögliche Verdopplung der damaligen Effizienz angenommen haben). So schlecht war das damals nicht. Hier in Europa herunter auf Faktor vier oder drei zu kommen, ist nicht so unmöglich. Wir können mit wesentlich weniger Energiesklaven auskommen, weil wir sie nämlich gar nicht alle für uns arbeiten lassen. Die hampeln eigentlich nur in der Weltgeschichte herum und charakterisieren, was wir unsinnig an Energie vergeuden. Das hat mit Effizienz zu tun.

Effizienz ist die eine Sache. Die Konsistenz ist ein zweiter Faktor, sie hat mit der zeitlichen Abfolge der Energieverwendung, der Logistik unseres Energieverbrauchs zu tun. Aber es kommt noch ein dritter Faktor dazu, die Suffizienz, die danach fragt: Wie viel ist genug? Wenn wir fordern: 15 Energiesklaven gleich 1,5 Kilowatt pro Person sind genug, dann liegt das nicht hart an der Existenzgrenze. Bei weitem nicht. Das Minimum ist 50 Watt, das sind 1200 Kilokalorien, die wir täglich brauchen. Die Grenze, die wir einhalten müssen, bedeutet immerhin dreißig Mal so viel als wir wirklich für unsere Existenz brauchen. Da können wir uns also noch etliches leisten. 50 Watt wäre ein bisschen wenig. Ich will ja nicht nur einfach vegetieren, ich möchte mich auch ordentlich bewegen können, also noch einmal 50 Watt dazu. Dann habe ich 100 Watt, dann bin ich gerade bei einem Energiesklaven angekommen.

Das heißt, eine Lösung dieser Aufgabe ist nicht unmöglich. Aber wir brauchen neue Lebensstile. Wir müssen Lebensstile innerhalb der erforderlichen Grenzen entwickeln, die nicht nur lebbar, sondern im vollen Umfang auch lebenswert sind. Die ausgerechnete Grenze von 15 Energiesklaven kann aus meiner Sicht ohne Verluste an Lebensqualität eingehalten werden. So, um nur einige Beispiele zu nennen, wenn wir: Erstens, die Dienstleistungen unserer Energiesklaven viel effizienter nutzen; zweitens, durch bessere Wärmedämmung unserer Behausungen weniger Energie zum Fenster hinauswerfen; drittens, unsere ständig Energie schluckenden, länger werdenden Transportwege für Güter unseres täglichen Gebrauchs wesentlich kürzen und unsere steigende Tendenz zu überzogenen Geschwindigkeiten zügeln oder aufgeben. Wenn Sie mit Ihrem Auto durch die Gegend rasen, benötigen Sie für die Fortbewegung an sich keine Energie: Eine beliebige Tour, bei der Sie zu Ihrem Ausgangspunkt, Ihrer Garage, zurückkehren, verbraucht keine Energie, da sich die potenzielle Energie dabei nicht verändert. Was Sie an Benzin dabei verbrannt haben, dient einfach dazu, die Wärme zu kompensieren, die Sie auf Ihrer Strecke über den Verbrennungsmotor und vielfältiger Reibung an die Luft, die Reifen und über diese an die Straße abgegeben haben. Je schneller wir fahren, umso mehr Wärme erzeugen wir, und verbrauchen entsprechend auch mehr Energie. Etwas langsamer ist durchaus möglich und auch zumutbar. Es ist sogar eine Quelle höherer Lebensqualität. Wir müssen einfach allen diesen Dingen mehr Aufmerksamkeit schenken und manche unserer Gewohnheiten entsprechend ändern.

Gewisse Beschränkungen fallen uns vielleicht schwer, zum Beispiel gerade bezüglich der Mobilität. Ich gehörte einer Energiekommission in Hannover an, wo wir viel über Mobilität und Suffizienz nachgedacht haben. Mobilität ist ein schwieriges Thema, weil sie psychologisch für uns große Bedeutung hat. Es besteht ein starkes Bedürfnis nach Mobilität, das weit darüber hinausgeht, einfach von da nach dort zu kommen. Wobei man noch dazu sagen muss: Das, was wir unter Mobilität verstehen, ist in Wirklichkeit immobil, sind wir doch die meiste Zeit angeschnallt. Also auszusteigen und zu laufen, ist in der Sprache der Physik viel mehr Mobilität, als angeschnallt im Auto zu sitzen. Mobil ist nur das Auto. Aber ich sorge mich ja nicht so sehr um die Mobilität des Autos, als um meine. Wir müssen einfach andere Methoden verwenden, um dieses Bedürfnis zu stillen. Wie gesagt, da ist viel Spielraum für anderes.

Die zentrale Frage ist nicht: Wo finde ich künftig ausreichend Ressourcen für unsere Energiebedürfnisse? Wird es vorwiegend Sonnenenergie sein, weiterhin fossile Energie oder gar Atomenergie oder noch etwas ganz anderes? Die Hauptfrage ist vielmehr: Wie gehen wir mit der uns zur Verfügung stehenden Energie am besten um? Was machen wir mit ihr? Die Antwort auf die Frage der Ressource ist einfach: Die arbeitsfähige Energie, die wir unter den geforderten Grenzen täglich umsetzen dürfen, können wir leicht vollständig von der Sonne beziehen. Was die Sonnenstrahlung insgesamt an Energie an der Erdoberfläche abliefert, ist ein Faktor 2000 Mal größer als was durch das Biosystem gepumpt wird, und 8000 Mal mehr als wir Menschen maximal umsetzen dürfen, ohne die Robustheit des Biosystems zu überfordern. Es ist daher nicht wahr, dass die für uns nötige arbeitsfähige Energie nicht ausreichend durch die Sonne befriedigt werden könnte.

Wir scheitern nicht daran, dass es nicht geht. Warum wir bisher daran gescheitert sind, hat mehr mit Zentralisierung und Machtkalkül zu tun. Wann immer man eine Energiequelle vorschlägt, die dezentralisiert ist, haben wir den ganzen Widerstand der Mächtigen gegen uns. Deshalb auch die Kernenergie, eine konzentrierte Energie – ganz abgesehen davon, dass man die Kernenergie aus vielen, vielen Gründen nicht nehmen kann. Ich nenne nur einen Grund, der für mich als Kernphysiker ein Totschlagargument für Kernenergie ist. Wir Menschen sollten nie und nimmer Technologien entwickeln, die in einem maximal möglichen Störfall zu einem Schaden führen, der nicht mehr akzeptabel, nicht mehr von uns verantwortbar ist. Und diese Forderung muss gelten, ganz egal welche Wahrscheinlichkeiten für den Eintritt eines solchen Störfalls ausgerechnet worden sind. Warum ist ein Kernkraftwerkunfall inakzeptabel? Nicht weil die Gefahr besteht, dass die ganz Menschheit dabei vollständig draufgeht – das kann unter Umständen auch durch die Atomwaffen geschehen – sondern weil es in der erdrückenden Mehrzahl Leute trifft, die gar nichts damit zu tun haben.

Viele halten diesem Argument entgegen, dass der Mensch einfach lernen muss, solche Risiken einzugehen. Das sagen meist Männer, die älter als sechzig sind. Die können das Risiko ohne weiteres eingehen. Die Wahrscheinlichkeit, dass es sie trifft, ist nicht sehr groß. Aber man muss sich vorstellen, dass, wenn etwas passiert, es in der überwiegenden Mehrzahl Leute treffen wird, die überhaupt nichts mit dem Kernkraftwerk und ihrem Nutzen zu tun haben, weil sie erst viel später geboren wurden. Anders ausgedrückt: Es spielt doch eine große Rolle, ob ich Russisches Roulett an meinem eigenen Kopf spiele oder an dem Kopf meines Kindes. Letzteres ist schlicht und einfach verboten, inakzeptabel nach Menschenrecht. Ich darf kein Risiko auf mich nehmen, bei dem ich im Ernstfall nicht selber die Konsequenzen ausbaden muss. Daher darf ich keine Technologie nehmen, die im Störfall so etwas macht. Denn ich habe zeitlich und räumlich überhaupt keine Kontrolle darüber. Im Übrigen – und das kann nicht genügend betont werden – stehen wir doch in der Energieproblematik keineswegs mit dem Rücken zur Wand.

Wie einfach kann so ein Störfall passieren, wenn man alle Möglichkeiten sich vor Augen führt. Ich kenne diese Überlegungen, wie man Wahrscheinlichkeiten ausrechnet oder abschätzt. Statistische Berechnungen helfen uns überhaupt nicht in diesem Fall. Wahrscheinlichkeiten sind relative Häufigkeiten – und einmalig ist eben nie häufig. Das merken Sie daran, dass wir auch keine Versicherungsgesellschaft finden, die einen Kernreaktor voll versichern würde. Was besagt schon die Aussage für einen Störfall: Die errechnete Wahrscheinlichkeit sei ein Millionstel? Es kann schon heute passieren oder erst in einer Million Jahre. Was strikt nicht auftreten darf, lässt sich einfach nicht versichern. Warum soll ich das Risiko dann den anderen aufbürden, wenn nicht einmal eine Versicherungsgesellschaft dazu bereit ist?

Fehlertoleranz, Kreativität und Veränderung

Dazu kommt noch verschärfend Weiteres: Wenn etwas passiert, dann nicht das, was wir errechnet haben, sondern vor allem etwas, an das niemand gedacht hat. Stellen Sie sich einmal vor, sie werden aufgefordert, an alles zu denken, was passieren könnte. Physiker sind gewohnt, nach bestem Wissen Apparate zu konstruieren, mit denen sie ein paar Jahre experimentieren können. Schalten sie nach Fertigstellung so einen Apparat ein, dann funktioniert er in der Regel anfangs nicht, weil irgendetwas vergessen oder falsch eingeschätzt worden ist. Das verursacht keine Aufregung, weil niemand im Voraus alles genau antizipieren oder gar ausrechnen kann. Je fantasieloser jemand ist, umso sicherer wird er seinen Apparat einschätzen.

Aber die Unzulänglichkeiten und Unsicherheiten einer Maschine liegen doch nicht immer nur in ihrer Konstruktion, sondern rühren auch von den Menschen her, die mit ihr umgehen, sie anschalten und bedienen und ihren Ablauf interpretieren. Der Mensch ist einfach nicht fehlerfrei. Viele empfehlen deshalb, die Bedienung letztlich ganz Robotern zu übertragen. Doch wer ist imstande, für einen solchen Roboter ein fehlerfreies Programm zu schreiben?

Was bedeutet die Forderung nach einem fehlerfreien Menschen? Hieße dies nicht, dem Menschen seine ganze Kreativität auszutreiben? Denn es ist doch seine kreative Begabung, welche Abweichungen von der Norm zulässt, was wir oft als Fehler bezeichnen. Die Technik ist doch für den Menschen geschaffen und nicht der Mensch für die Technik. Wir wollen doch dem kreativen Menschen, dem *homo sapiens sapiens*, zur optimalen Entfaltung verhelfen – und hier sind wir wieder bei der Aufforderung: Das Lebende lebendiger werden zu lassen! Wir möchten in einer Welt leben, in der jeder kreativ sein kann und dabei auch Fehler machen kann und darf, ohne Gefahr zu laufen, die in dreieinhalb Milliarden Jahren erklommene Robustheit unserer irdischen Welt auf inakzeptable Weise in Gefahr zu bringen. Als Teilhabender der Biosphäre liegt es in unserer Verantwortung, die inhärente Instabilität des Lebendigen zu erkennen und deren dynamische Balance zu fördern. Einstein hatte, mit Blick auf die Atombombe (und ich füge dazu: die Kernkraftwerke) recht, wenn er sagte, einer Maus wäre es nie eingefallen, eine Mausefalle zu bauen. Das heißt: Wir brauchen eine Technik, die kompatibel ist mit dem kreativen Menschen, der auch Fehler machen darf. Denn der Fehler, den er heute macht, kann gleichzeitig die Zukunft von morgen öffnen. Das ist nicht ein Leben des Verzichts, sondern das ist ein Leben der Öffnung und der Flexibilität, der Lebendigkeit im tieferen Sinne. Das ist der neue Lebensstil, den wir anstreben sollten und mit dem unsere Probleme lösbar werden und lösbar bleiben.

Jetzt müssen wir nur die Leute finden, die das auch praktisch umsetzen können. Aber die Leute sind ja alle da, die Leute finden wir überall, wo wir hinsehen. Wenn ich mit Leuten rede, treffe ich viele, die ich nicht zu überzeugen brauche, und alle sagen: „Du hast ja recht, ich sehe das genau so, aber die Realität ist doch eine andere!"

Dann entgegne ich: „Das heißt nicht, dass Du Dich ändern musst – aber dass wir die von uns geschaffene verstümmelte Wirklichkeit, die Realität, wieder aufweiten und lebendiger machen müssen, sie wieder als die volle geistig-lebendige Wirklichkeit erkennen, die uns alle als Teilnehmende einschließt." Wirklichkeit ist keine starre Realität draußen, sie ist voller Möglichkeiten draußen und in uns. Sie kann von uns geändert und neu gestaltet werden. Wenn wir alle diese offenere Wirklichkeit als Vision in uns und vor uns haben, dann wird es uns letztlich auch gelingen, diese lebendigere Welt mit verwirklichen zu können.

Geist, Kosmos und Physik
Gedanken über die Einheit des Lebens

Ein Gespräch mit Birgit Stratmann

1. Wir sind Teilhabende und Mitwirkende des Lebendigen

Frage: Sie schrieben in Ihrem Buch *Wir erleben mehr als wir begreifen*, dass die Denkansätze der Quantenphysik überhaupt noch nicht Eingang in das normale Denken und die Gesellschaft gefunden haben. Wie würde die Sicht der Quantenphysik unsere Wahrnehmung verändern?

Dürr: Dies erklären zu wollen, ist nicht leicht, wenn nicht gar unmöglich. Das kommt darauf an, mit wem man spricht. Wer schon religiöse Bindungen hat und die Religion nicht als Dogma nimmt, sondern versucht, sie auf die Ebene des Erlebten und Erfahrenen zu bringen, würde feststellen, dass ihm die Gedanken der Quantenphysik nicht ganz fremd erscheinen.

Die Wissenschaft, die für Exaktheit und die strikte Trennung von Subjekt und Objekt steht, erkennt auf einmal selbst, dass sie diese Sichtweise nicht aufrechterhalten kann. Im Deutschen deuten wir unsere Welt als Kosmos, Universum, als das Ganze und interessanterweise ganz anders, „lebendiger", als „Wirklichkeit", eine Ausdrucksform im Deutschen, die, wie es mir erscheint, wohl den neuen Einsichten am Nächsten kommt. Denn Wirklichkeit ist das, was wirkt, was sich ständig wandelt. Diese Bezeichnung wurde im späten 13. Jahrhundert in Anlehnung an Thomas von Aquin von dem Dominikaner und Mystiker Meister Eckhart geprägt. Darin kommt zum Ausdruck, was auch in der Quantenphysik das Wichtigste ist: Es charakterisiert etwas Prozessartiges und nichts Greifbares, etwas Nicht-Duales, was nicht auftrennbar, nicht zerlegbar ist. Trotzdem lässt es Unterscheidungen zu, so etwa eine Differenzierung von Subjekt und Objekt, wobei das Objekt, wie in den Geisteswissenschaften verwendet, immer noch als etwas auf ein Subjekt Bezogenes, nicht Isoliertes wahrgenommen werden kann.

Die Naturwissenschaft in der uns geläufigen Descartes-Newtonschen Form interpretiert die Wirklichkeit jedoch abstrakter als „Realität", in der das Objekt nun zusätzlich isoliert und damit als vom Subjekt abgetrennt definiert wird. Dies führt zu einem Bruch, der nicht repariert werden kann. Ein isoliertes Objekt wird zum Ding (lat. res = Ding), ein Baustein der Realität. Das Durchschneiden führt dazu, dass das Lebendige, das 'Dazwischen', die wechselseitige Beziehung zerstört wird. Die Wirklichkeit wird durch diesen Eingriff zur Realität vestümmelt, gewissermaßen kastriert.

Wir können in unserer geläufigen Naturwissenschaft nur das beschreiben, was durch den Isolierungsprozess nichts Wesentliches unterdrückt. Unter dieser Bedingung können wir alles, was wir begreifen, ohne große Verluste analysieren, auseinandernehmen und seine innere Struktur erforschen. Erforschen heißt hier zunächst: Wir zerlegen ein Ding, schauen uns seine Teile sorgfältig und genau an, zerlegen diese weiter, wenn sie uns noch zu kompliziert erscheinen, usw. mit der Vorstellung, dass wir, wenn wir die Teile am Schluss in umgekehrter Folge wieder mit der gleichen Sorgfalt zusammensetzen, im Wesentlichen zum ursprünglichen Ding zurückkommen. Aber das Lebendige, was ursprünglich in einer Beziehung zum Ausdruck kam, geht uns bei dieser Prozedur verloren. Bei einem lebendigen Ding, wie z.B. einem Lebewesen, uns eingeschlossen, ist das unmittelbar verständlich. Doch auch beim Unlebendigen gilt es, lässt sich dort allerdings oft durch einen geeigneten „Klebstoff" bei der Synthese, dem Wieder-Zusammensetzen, korrigieren.

Die Naturwissenschaft im alten Sinn versucht, materielle Dinge durch Analyse, durch Zerlegung in kleinere und, wie wir erwarten, einfachere Bausteine zu verstehen und die ursprüngliche Bindung der Bausteine in den Dingen anschließend durch materiell-energetische Wechselwirkungen als Klebstoff zu erklären. Wenn aber das Wesentliche sich immateriell im Dazwischen abspielt, dann geht es uns bei der Analyse abhanden und fehlt uns aus Unkenntnis bei der nachfolgenden Synthese. Die Quantenphysik zeigt uns nun gerade das: Es gibt im Grunde nichts, was man greifen kann, sondern nur das, was dazwischen ist! Das klingt reichlich paradox, und die Leute fragen verständlicherweise: „Wie kommt man dann zur Materie, also zu dem, was man greifen kann?"

2. Welche Farbe hat ein Kreis?

Frage: Gehen Sie überhaupt davon aus, dass es Materie gibt? Sie hatten einmal Materie als „geronnenen Geist" bezeichnet.

Dürr: Materie ist etwas, das für uns, weil greifbar, leicht vorstellbar ist. Wir sagen, das sind Steine, Bäume, Hunde, Vögel, Menschen, Autos usw. Wir gehen damit um, als ob dies alles da ist und existiert.

Das ist zunächst gar nicht so falsch. Denn die scheinbar paradoxen Einsichten der Quantenphysik sind Erkenntnisse der Physik, die ganz weit unten im Kleinen unserer Welt entdeckt wurden, genauer gesagt in Räumen, die mehr als Millionen mal kleiner sind als die von uns mit bloßem Auge sichtbaren Dinge. Oder umgekehrt: Wir beobachten unsere Erdoberfläche vom Mond aus und beschreiben, was sich dort für uns sichtbar abspielt und stellen dann fest, dass dort im Winzigkleinen (WK) von Menschengröße sich, im Vergleich zu den vom Mond aus beobachteten Regelmäßigkeiten auf der Erdoberfläche, total Unverständliches, Paradoxes ereignet. Warum sollte mich dies als Mondbewohner interessieren? Was wir mit bloßem Auge gesehen hatten, entsprach Ansammlungen von Milliarden von WKs, die wir einfach „Erdbevölkerung" oder kurz ErdB benennen. Mit dem Begriff ErdB kann ich nicht die vom Mond aus nicht direkt sichtbaren WKs beschreiben, der WK existiert in diesem Gleichnis nicht als eine Art MiniB. Das überrascht uns nicht.

Kehren wir auf unsere Erde und uns Menschen zurück. Genau genommen gibt es auch bei uns den Menschen und all die anderen benannten Dinge gar nicht. Die Begriffe sind von uns konstruiert und symbolisieren eine Vielfalt. Ich benenne und definiere etwas als begreifbar, das ich eigentlich genau genommen nicht begreifen kann. Ein Mensch, was ist das? Selbstverständlich gibt es Menschen, aber sie sind alle verschieden. Stelle ich mir einen Menschen vor, so konstruiere ich von ihm ein ganz begrenztes, mir vertrautes Bild. Der tägliche Umgang mit Menschen wird uns durch eine verminderte Wahrnehmung der Unterschiede enorm erleichtert. Denn erst eine solche Vereinfachung, eine Abtrennung oder Abstraktion, macht es uns möglich, überhaupt reflektierte Entscheidungen zu fällen und letztlich unser Leben zu gestalten.

Es gibt Fragen, die keine Antwort haben, nicht weil ich die Antwort noch nicht weiß, sondern weil die Fragen sinnlos sind, gewissermaßen ins Leere zielen. Ein Beispiel: Welche Farbe hat ein Kreis? Blau, rot, grün, farblos? Nein, es gibt für einen Kreis nicht die Eigenschaft, die Qualität Farbe. Wenn Menschen das hören, entgegnen sie mir: „Das ist doch unsinnig." Sie greifen nach einem Kugelschreiber und zeichnen einen Kreis auf ein Blatt Papier. „Schau, der Kreis ist blau!" Ja! Dein gemalter Kreis ist blau, aber sein Blau kommt von deinem blauen Kugelschreiber und die Dicke des Kreises von der Größe der kleinen Kugel an seiner Spitze.

Sowohl die Dicke des Kreises als auch die Farbe haben nichts mit dem Kreis zu tun. Der Ausweg, sich einen echten Kreis vorstellen zu können, ist: Denke an einen Kreis, den du gemalt hast, schließe die Augen, denke die Farbe weg, lasse die Dicke schrumpfen. Was bleibt übrig? Offensichtliche Antwort: „Nichts!" Das resultiert, weil ich den Kreis abstrahiert, von mir getrennt angenommen habe. Aber eigentlich will ich mich nicht von ihm trennen, sondern ich will den Kreis weiter erleben. Also mache ich etwas anderes: Ich nehme den Kreis in mich auf und verwandele ihn mit mir mitten drin. Wie empfinde ich dann den Kreis? Als Nichts? Nein! Es bleibt in mir etwas, was ich nicht benennen kann, etwas um mich herum, das gleich wichtig ist. Wenn ich das empfinde, habe ich ein Gefühl der Geborgenheit. Das ist für mich „erleben", das vom Kreis ausgeht ohne die übliche Abstraktion. Es ist, wie wenn ich unreflektiertes Wissen in etwas verwandele, was ich hinterher empfinden kann, nicht um es festzuhalten: Ich weiß, was ich weiß, sondern um es weiter zu erleben.

Frage: Können Sie denn das, was Sie in der Quantenphysik herausfinden, überhaupt in Sprache ausdrücken?

Dürr: In gewisser Weise ja, aber mehr im Sinne von Gleichnissen und in der Art und Weise, wie wir uns dem Erkennen nähern. So fangen wir nicht, wie üblich, damit an, greifbare Dinge zu benennen, sondern, abgetrennt von diesen, ihre Beziehungen. Diese Umkehr bereitet uns Schwierigkeiten. Denn in unserer Umgangssprache ist eine Beziehung immer ein Vermittler zwischen etwas Greifbaren, was wir als Substanz erfahren und kennzeichnen.

Wir sind also aufgefordert, uns eine Beziehung ohne Substanz vorzustellen, also nicht als etwas zwischen Substanzen, das, was ein Ding A mit einem Ding B verbindet. Mit dieser „Dazwischen"-Betrachtung erachten wir also die Gestalt, die

Form oder Anordnung von Substanz für wesentlicher als die Substanz selbst, und dies auch im Kontrast zu unserer alltäglichen Erfahrung und unserer Umgangssprache, in der die begreifbare Substanz als „Begriffe" primäre Bedeutung besitzt und ihre Anordnung durch Verben zweitrangig als deren Eigenschaft erscheint. Die neu empfohlene Vorstellung: Zuerst „Beziehung", dann Dinge, erscheint uns zunächst grotesk, obwohl es eigentlich unsere Grunderfahrung widerspiegelt: Zuerst „erleben" und dann das „begriffene Ding", was wir begreifen. Oder ein anderes Beispiel: Ich „sehe" im Vorbeigehen einen Becher vor mir, wobei das Sehen das unreflektierte „erleben" meint. Dann schaue ich ihn nochmals an und dann nochmals usw. Was ich sehe, ist immer etwas anders, weil sich mein Standort geändert hat. Nun frage ich mich: Gibt es eine Ähnlichkeit bei all diesen Erfahrungen, eine Gemeinsamkeit in diesen zeitlich verschiedenen Momenten des Ansehens? Ja! Es ist der Becher: Ich bündele mein „Erleben" vergröbert in die Gesamterfahrung: „Ich habe einen Becher gesehen." Durch Überlagerung von verschiedenem Erleben gelangen wir sprachlich zu einem vereinfachten Begriff „Becher".

Im Gegensatz zu unserer Umgangssprache, die auf Fragen: Was ist? aufbaut und zur Erklärung Begriffe und Substantive einführt, ist die Sprache der Mathematik für Fragen nach: Wie? besser geeignet. So etwa: Wie wirkt, wie passiert, wie verbindet etc? Die Mathematik hat deshalb keine Schwierigkeiten „frei-schwebende" Beziehungen auszudrücken. Sie führt Symbole ein, die Prozesse charakterisieren.

Um diese Verknüpfungen in unserer Substanz-basierten Sprache ausdrücken zu können, verwenden wir intransitive Verben: leben, erleben, lieben, hoffen, wahrnehmen, fühlen etc. Mit dieser Symbolik kann man nichts greifen, doch soll auch nichts gegriffen und begriffen werden. Es ist wie ein warmer Wind, der durch uns weht, ein *erleben* ohne Deutung. Um diese hierarchische Schwäche formal zu überwinden, verdinglichen wir diese Verben, so dass aus dem *erleben* ein *Erleben* wird, das dadurch aber Gefahr läuft, als ein Beschreibbares verstanden zu werden. So, wenn ich 'Liebe' als Substantiv verwende, habe ich schon das Wesentliche weggelassen. Denn wenn ich Liebe mit einer greifenden, sich schließenden Hand aufzufassen und als Begriff zu erklären versuche, geht doch durch die formale Trennung gerade die fühlende, empathische Beziehung, auf die Liebe deuten soll, verloren. In der geläufigen Aussage: „Wir erleben mehr als wir begreifen", steckt eine alte Weisheit, die nach moderner Einsicht sich prinzipiell nicht durch zukünftige Forschung beseitigen lässt, weil Nichtbegreifen, wie z.B. Glaube, nicht mehr schlicht als ein wissenschaftlich letztlich korrigierbares Noch-nicht-begreifen und Noch-nicht-wissen deklariert werden kann.

Werner Heisenberg, der 24-jährig auf die moderne Physik, die holistische, sogenannte Quantenphysik gestoßen ist, war gleichzeitig ein begabter Pianist. Bei der Entdeckung seiner zunächst ganz unerklärlichen „Unschärferelation" erlebte er große Freude: „Ah, der Physiker ist identisch mit dem Pianisten!" Oder in einer ähnlichen Aussage: „Ich muss erst das Lied hören, bevor ich die die Noten schreibe!" Und so ging es ihm mit der Physik: Wir hören die Musik, und erst hinterher schreiben wir die Noten. Die Noten enthalten gar nicht das Wesentliche, sie erinnern uns nur daran, wie wir das Lied erzeugen können. Wenn wir das Lied als Ganzes im Ohr haben, haben wir eine Führung, wie wir es vielleicht aufschreiben können. Das Lied kann ich jedoch nur erfahren, mir näherbringen, indem ich mich ans Klavier setze und die Noten hintereinander abspiele, erst eine, dann zwei, dann drei und dann, in wachsender geschlossener Einheit, sie immer zu einer Klangfülle zusammenwachsen lasse.

3. Der liebende Dialog

Frage: Wie nehmen Sie als Quantenphysiker die Dinge wahr? Es heißt im Buddhismus, dass Yogis in der Meditation eine direkte Einsicht in die endgültige Natur, die wir als Leerheit beschreiben, erlangen können. Sobald sie die Meditation verlassen, erscheinen ihnen die Objekte wie Illusionen, schemenhaft, als könnte man sie wegpusten. Machen Physiker ähnliche Erfahrungen? Sind die Erkenntnisse auch im Alltag präsent?

Dürr: Man fängt mit der Ahnung an, und diese ist, in meiner Vorstellung, weder bewusst noch unbewusst. Man weiß nur, nachdem einem etwas bewusst geworden ist, dass man irgendwie vorher eine Ahnung mit sich herumgetragen hatte, die man aber nicht benannt hat, weil dies prinzipiell ausgeschlossen ist. Doch plötzlich steigt etwas in uns auf, eine Intuition. Es ist, als ob man Bilder wahrnimmt, die übereinander liegen. Es beginnt, sich etwas zu formieren, und manchmal erreicht man vielleicht den Punkt, wo man „Aah" sagt, weil es in die Region des Greifbaren rückt. Aber greifbar wird es eigentlich nur in dem vagen Sinne, dass einer, mit dem man sich unterhält, nachdenklich „Ja" sagt, ohne dass ein anwesender, aber nicht beteiligter Dritter es wohl ähnlich aufnehmen kann.

Wie bin ich auf diese Spur gekommen? Ich habe oft den Kontakt mit, wie ich sie nenne, „Künstler-Wissenschaftlern" gesucht und auch mit ihnen, wie vor allem Werner Heisenberg, zusammengearbeitet. Die näherten sich der Wissenschaft mit einer Vision. Die Vision hatte noch keine Gestalt, aber es war doch etwas, das einen umtrieb, einen neugierig machte, weil es einen Blick in einen größeren Raum öffnete, ohne einen Weg zu weisen, wie er betreten werden konnte. So sagte Heisenberg etwa zu mir: „Ich möchte mich mit Ihnen unterhalten – über etwas, das ich überhaupt nicht verstehe." Wie aber unterhält man sich über etwas, das man nicht versteht? „Ich weiß nicht, wo und wie ich anfangen soll", meinte er, um dann gleich fortzufahren: „Ich möchte Ihnen eine Begebenheit aus meinem Leben erzählen." In seiner Geschichte, etwa einer Bergtour mit Freunden, beschreibt er dann unter anderem eine bestimmte Situation, zu der er dann am Ende hinzufügt: „Wissen Sie, das Gefühl, das ich damals hatte, ist ähnlich dem Gefühl, das ich jetzt bei dem von mir betrachteten Problem habe." Was sollte und konnte ich, der damals nicht dabei war, damit anfangen? Aber ich geriet in eine Stimmung, die ich nicht benennen kann, eine Ahnung. In gewisser Weise spürte ich sein Gleichnis. Nach einem kurzen Auf-mich-wirken-lassen antwortete ich: „Ja! Aber für mich kommt noch etwas anderes hinzu. Wie soll ich es ausdrücken? Ich sollte vielleicht dazu auch eine Geschichte aus meinem Leben erzählen!" Ich begann meine Geschichte, und er entgegnete: „Ja, ich sehe, das passt dazu. Mit ihrer Anregung fällt mir eine weitere Geschichte ein." Es war die dritte Geschichte, auf die ich wiederum mit einer weiteren Geschichte antwortete.

Eine Art Ping-Pong-Spiel kam in Gang, bei dem man aber den Ball dem anderen so vorsichtig zuspielte, dass er ihn auch auffangen konnte. Ein wunderbares Spiel. Ich habe diesen Austausch – im Gegensatz zum geläufigen *dialektischen Dialog*, wo man versucht, den Inhalt schärfer zu fassen und kritisch die Unterschiede herauszufiltern – einen *liebenden Dialog* genannt, bei dem man danach strebt, so viel wie möglich von dem aufzunehmen, was der andere sagt, ohne über den nicht-verstandenen Teil weiter besorgt zu sein. Heisenberg hatte mehr Erfahrung mit dieser Art von Kommunikation als ich. Ich versuchte immer noch, ganze Sätze zu formulieren. Er entgegnete: „Sie brauchen den Satz nicht zu vollenden, ich verstehe sie auch so – unabhängig auch davon, welche Worte Sie spontan gewählt haben. Wenn Sie als Kind auf andere Weise gesprochen haben, tun Sie das! Sie können sich dann noch leichter und spontaner äußern."

Es war in der Tat so, dass wir sehr spontan – für einen Zuhörer wohl kaum verständlich – sprachen, ganz konzentriert, um Worte oder sogar Laute zu finden, die es ausdrückten, was uns bewegte. Der andere nahm das spontan Ausgesprochene auf, soweit er es verstanden zu haben glaubte, und wiederholte es, worauf der Urheber oft mit Erstaunen reagierte: „Ah, das ist eine gute Ausdrucksweise!" Wenn das eine Weile so ging, kam manchmal der Punkt, wo ich einmal ausrief: „Aah!" Dann sah ich ihn an, zögerte und meinte verlegen: „Entschuldigen Sie bitte, ich weiß nicht, was ich sagen wollte." Heisenberg entgegnete mit Freude: „Ja, wunderbar! Schluss! Wir werden nicht weiterreden, sonst zerstören wir das Wesentliche, was sich in unserer Unterhaltung entwickelt hat. In zwei Wochen werden wir weiterreden." Ich hatte etwas Sorge, in zwei Wochen das bisher Gesprochene vergessen zu haben. Aber Heisenberg war vom Gegenteil überzeugt: „Wenn man ‚Aah' sagt und dann nicht reden kann, das ist sehr gut, dann haben wir einen kritischen Punkt erreicht. Wenn man dann versucht, eine konkrete Aussage zu erzwingen, zerstört man das vorausgegangene Gespräch. Es ist dann so, als würde man einen zarten, sich gerade entfaltenden Keimling voll Neugier aus der Erde zupfen, statt ihn erst einmal ungestört wachsen zu lassen."

Wir machten also eine Pause von etwa zwei Wochen – andere Gespräche waren davon nicht tangiert. In dieser Zwischenzeit kam mir immer wieder unser Gespräch in den Sinn. Bei verschiedenen Gelegenheiten, wo ich mich ganz gelassen und aufgeschlossen fühlte, zeigte sich der Gehalt unseres Gesprächs auf immer andere Weise. Die verschiedenen Erscheinungsformen wurden immer greifbarer, bis es mir irgendwann dämmerte, wirklich etwas verstanden zu haben. Als wir wieder zusammenkamen, gab es kein Gespräch mehr, sondern nur mehr ein „Ja, ja, ja." Er erkannte, dass ich etwas enttäuscht aussah, aber ich war nicht enttäuscht, weil wir ja beide zu ähnlichen Schlussfolgerungen gekommen waren. „Aber Sie sehen enttäuscht aus", beharrte Heisenberg. Ich antwortete: „Ja, vielleicht bin ich etwas enttäuscht, weil ich dachte, ich könnte Ihnen eine ganz tolle Neuigkeit erzählen." –

„Das dachte ich mir", meinte Heisenberg und fuhr fort: „Sehen Sie: Was wir gemeinsam erlebt haben, war kein wechselseitiges Belehren. Wir wussten beide nicht, wie das ablaufen würde. Wir haben einander geholfen, uns an etwas zu erinnern, was wir eigentlich schon wussten, aber nur vergessen hatten oder nicht wussten, es geeignet in unserer Sprache zu deuten. Daher ist es nicht erstaunlich, dass wir zu ähnlichen Resultaten gekommen sind. Denn wir haben im Hintergrund eine innere Verbundenheit, die wir in der Quantenphysik Potenzialität nennen. Sie charakterisiert Kann-Möglichkeiten, die erlauben, sich vielfältig, doch nicht beliebig, in der Realität zu manifestieren."

4. Ich bin nicht Teil, sondern Beteiligter

Frage: Angenommen, wir hätten die Fähigkeit, die Wirklichkeit, wie in der Quantenphysik, als Potenzialität zu erleben – oder wie wir im Buddhismus sagen würden, als Leere oder Leerheit. Welche Bewandtnis hätte die Wahrnehmung, dass die Dinge nicht unabhängig vom Subjekt existieren, für unser Verhalten, unsere konkrete Lebenswelt, für Gesellschaft und Politik?

Dürr: Damit wäre ein tiefgreifender Wandel verbunden. Wir haben in unserer gegenwärtigen westlichen Kultur die Tendenz, sogar manchmal ein persönliches Bedürfnis, uns vom Anderen abzutrennen. Doch wir übertreiben manchmal diesen Wunsch nach Emanzipation, wenn wir uns dabei auch von der Wirklichkeit entfernen. Wir unterscheiden uns dann nicht bloß in Ich und Du, sondern betrachten uns als völlig unabhängig voneinander. „Ich bin emanzipiert" – damit ordne ich mich in die Realitätssprache der Wissenschaft und unsere heute dominierende Umgangssprache ein.

Die Trennung, im Gegensatz zur bloßen Unterscheidung, ist immer ein gewaltsamer Einschnitt. Sie ist aber angemessen und praktisch für unseren Alltag, wenn ich agieren, etwas verändern oder konkret einen Knopf, der etwas auslösen soll, drücken will. Dann muss ich so tun, als ob ich ein getrenntes Subjekt wäre. Das abgetrennte Objekt wird dann zum Ding und damit zum Teil einer Realität, die nicht mit der Wirklichkeit identisch ist. Wir sind ganz in der gesetzlich gesteuerten Realität. Erst die „geistige" Komponente der Wirklichkeit gibt uns jedoch die Möglichkeit, schöpferisch zu sein, gewissermaßen Gott-ähnliche Kreativität zu entwickeln. Wenn ich ein Mediziner bin, der nur den Teil des Menschen im Auge hat, den er messen kann, ignoriere ich bewusst oder unbewusst den anderen, den lebendigen und spirituellen Teil des Menschen. Doch durch diese erzwungene Reduktion der Wirklichkeit und den daraus resultierenden Reduktionismus wird Naturwissenschaft im herkömmlichen Sinne möglich. Naturwissenschaften wollen, um verlässlich zu sein, möglichst nah an die exakte Physik des 19. Jahrhunderts heranrücken. Für sie spielen die revolutionär neuen Einsichten der Physik des 20. Jahrhunderts keine oder keine wesentliche Rolle, weil sie aus wissenschaftlich verständlichen Gründen glauben, in ihrem Bereich diese auch mit Recht ignorieren zu können.

Wir befinden uns deshalb heute in einer eigentümlichen Situation. Die Physiker des 20. Jahrhunderts sind den Lebenswissenschaften, der Biologie und Medizin, auf mehr als halbem Wege entgegengekommen. Sie haben dabei ihre Forderung nach Exaktheit aufgegeben und die Physik in das Lebendige integriert, sie gewissermaßen an die alten Lebensweisheiten angekoppelt. Aber dieser Schritt wird von den Lebenswissenschaften, so auch von einigen Physikern, noch nicht ernst genommen. Sie wollen als exakte Naturwissenschaften, mit ihren soliden messbaren Grundlagen, wie ehemals die Physik, ernst genommen werden und – was vielleicht in unserer auf wirtschaftlichen Erfolg ausgerichteten Zivilisation das Wichtigste ist – die alte Hoffnung des Menschen noch nicht aufgeben, die ganze Natur letztlich in den Griff bekommen zu können. Aus neuer Sicht klammern sie jedoch durch diese überholte Forderung das eigentlich Wesentliche, nämlich das originär Lebendige, aus. Wir, als lebende Wesen, sollten eigentlich keine Schwierigkeiten haben, die Erkenntnisse der neuen Physik, wenn nicht zu verstehen so doch sie zu akzeptieren und mehr noch, sie sogar freudig aufzunehmen, da sie überraschende Möglichkeiten öffnen, Brücken zwischen den Wissenschaften und Religionen zu schlagen. Denn auch die Mehrzahl der tradierten Weisheiten sprechen von einer All-Verbundenheit.

Frage: Und was bewirkt diese vertiefte Wahrnehmung im Äußeren?

Dürr: Ich erlebe nichts, was um mich herum ist, als abgetrennt von mir. Ich bin nicht ein Teil, sondern ein Beteiligter. Wir sind nicht nur passiv Teilnehmer und Teilhabende, sondern wegen der originär lebendigen, kreativen Form der Wirklichkeit auch Mitwirkende. Und hier gibt es ein Problem mit den theistischen Religionen, denn der Schöpfer kann in einem unauftrennbaren Beziehungsgefüge nicht außerhalb der Schöpfung sein, sondern findet sich in der Schöpfung selbst.

Die strenge, eindeutig determinierte Kausalität der alten Physik gilt nicht mehr. Wenn ich alles kenne, kann ich nicht mehr mit absoluter Genauigkeit vorhersagen, was in Zukunft passiert. Die Zukunft ist offen, aber – und das ist wichtig – nicht völlig beliebig. Es gibt einige Aussagen, die unabänderlich sind, die sich aber nur in Symmetrien oder Geometrien ausdrücken und zu den sogenannten Erhaltungssätzen führen, wie zum Beispiel zur Aussage, dass die Energie oder die elektrische Ladung erhalten bleiben, also sich zeitlich nicht ändern. Alles andere ist offen, manifestiert sich jedoch realistisch mit unterschiedlicher Wahrscheinlichkeit.

Die Zeit bekommt eine ganz andere Bedeutung als der Raum. Wenn man von Gott spricht, sagt man, er sei zeitlich und räumlich unendlich. Gott sieht nicht nur alles, was jetzt im ganzen (dreidimensionalen) Raum geschieht, sondern auch alles, was in Vergangenheit und Zukunft existiert, also was je geschah und was alles in Zukunft passieren wird. Wenn das zuträfe, dann wären wir nur passive Rädchen in einer nach strengen Gesetzen ablaufenden Maschine. Wenn Gott schon weiß, was in Zukunft passiert, warum sollten wir uns dann anstrengen und Verantwortung übernehmen? In diesem angesprochenen Gleichnis würde die neue Physik dagegen sagen: Nein, Gott ist selbst erstaunt, was als Nächstes passiert. Die Zeit ist die Dimension, in die hinein sich die Lebendigkeit entwickelt. Man kann nur von Lebendigkeit reden, wenn man die Zeit offenlässt und nicht fixiert.

Aber die Aussage reicht noch weiter. Sie gilt nicht nur für das, was wir in unserer Sprache als lebendig betrachten, sondern für alles, auch das, was wir als unlebendig betrachten, z. B. einen Tisch. Dass der Tisch im Grunde auch lebendig ist, bemerken wir nicht, weil wir ihn nur vergröbert betrachten und damit vereinfacht sehen. Wenn uns Lebendigkeit in großer Vielfalt begegnet, wie etwa bei einem großen Menschenhaufen, dann versinkt die individuelle Lebendigkeit bei einer groben Betrachtung großer Mengen in der Form eines relativ erstarrten Gebildes. Die Lebendigkeit bleibt auf der Strecke. Was offensichtlich sichtbar bleibt, ist effektiv eine Realität, eine scheinbar unbelebte Wirklichkeit. In der Tat zeigt sich in dieser vergröberten Betrachtung, gewissermaßen im vereinfachten Durchschnitt oder als Mittelwert, die uns geläufige alte Naturwissenschaft mit ihren strengen physikalischen Naturgesetzen.

Es bleibt hierbei jedoch die berechtige Frage: Warum passiert eine solche Ausmittelung nicht bei allen Dingen unseres Alltags, die in ihrer Größe mehr als acht Zehnerpotenzen von der Mikrowelt der Physiker entfernt sind, in der die moderne Physik mit ihrer originären (embryonalen) Lebendigkeit entdeckt wurde? Gibt es für die von uns als lebendig betrachteten Erscheinungsformen, den Menschen eingeschlossen, im Gegensatz zum sogenannten Unbelebten, etwa dem Tisch, eine Möglichkeit, diese Ausmittelung in der Menge zu vermeiden und die originäre Lebendigkeit und Ur-Verbundenheit für uns erlebbar und erkennbar werden zu lassen? Die Lebenswissenschaften erachten dies für unmöglich, da ihrer Auffassung nach – und dies zunächst auf den ersten Blick mit gutem Recht – hierbei nur die Größe eine Rolle spielt und sich somit Lebendes nicht vom Unbelebten unterscheiden sollte. Es stellt sich jedoch heraus – und dies ist eine wesentliche, nicht ganz neue Einsicht – dass dabei nicht nur die Größe der materiell-energetisch beschriebenen Zustände ausschlaggebend ist, sondern auch ihre Stabilität bzw. gerade ihre Instabilität wichtig werden, wie sie, für uns einfach erlebbar, als nicht-berechenbares sogenanntes „Chaos", wie in der Chaos-Theorie beschrieben, zum Ausdruck kommt.

Auf den Menschen bezogen, bietet sich unter diesen Umständen die Möglichkeit an, die Ur-Bindung, die Potenzialität der Quantenphysik, mit dem, was wir in unseren Religionen Geist oder Liebe nennen, zu identifizieren. Konkret könnte dies bedeuten, dass Liebe und Empathie tatsächlich sich als ein Erleben und Erfühlen des tiefinneren Beziehungsgefüges wahrnehmen und deuten lässt. Dann stellt sich für uns die interessante Frage, ob wir, und wenn ja wie wir, das heißt durch welches Verhalten und welche Fähigkeiten, das Erleben von Liebe und Empathie in uns wecken und stärken können.

5. Quantenphysik und Buddhismus

Frage: Aber wir haben diese Fähigkeit… oder?

Dürr: Ja, aber wir müssen sie entwickeln. Mit entwickeln meine ich dabei nicht „neu schaffen", denn die Ur-Bindung ist ja immer da, sie bildet die Quelle von Allem. Entwickeln heißt mehr „auswickeln", wiederentdecken oder Geröll wegschieben, das die Quelle verschüttet hat. Das aber passiert nicht von allein. Man braucht

dazu nicht unbedingt Meditation, wie man sie vielerorts prak-
tiziert, sondern die Fähigkeit zu einer inneren Ruhe, welche uns
hoch-empfindsam macht. Ich habe, so glaube ich, nie meditiert…

Frage: Vielleicht meditieren Sie ständig und haben es nur nicht
so genannt.

Dürr: Ja, manche meiner buddhistischen Freunde sagen mir:
„Du meditierst eigentlich dauernd. Du hast eine gewisse Leich-
tigkeit, wie du Dinge loslassen kannst, so dass du dann in der
Einsamkeit, wo die äußeren Einflüsse weg sind, dich in diesen
Räumen aufhalten kannst, wo die Ahnung sich in eine Art Intuition verwandelt." Dann fängt man an, etwas mit Gefühl zu erfassen, erst viel später kommt der Intellekt. Wie kommt man in
diesen Zustand? Das wird oft gefragt. Das habe ich erfahren in
den Dialogen, die ich mit Heisenberg führte. Nicht nur in der Ver-
einsamung scheinen diese Erkenntnisse auf, sondern nach meiner
Erfahrung vor allem auch im liebenden Dialog.

Warum ist ein Zweiergespräch mit einem vertrauten Partner ein-
facher als ein Monolog mit mir selbst? Als Sprechender äußere ich
mich spontan, unreflektiert und weiß deshalb nicht genau, was ich
sage. Als Zuhörender bin ich ganz aufmerksam, hoch sensibel was
ich vom anderen erfahre oder erfühle, bereit, dem Sprechenden danach seine Gedanken, oft freudig überraschend für ihn, in reflek-
tierter Sprache zurückzuspielen. Im Monolog ist dies schwierig,
da der Spontane und Aufmerksame gleichzeitig präsent sein muss
und deshalb auf Nachschwingungen angewiesen ist. Ich komme
mir dabei wie jemand vor, der ins Wasser springt. Mein Gesicht ist
nass, aber ich kann mich nicht dazu äußern, weil ich unter Wasser
bin. Ich tauche auf und will etwas über das Wasser sagen, aber ich
weiß es nicht mehr, weil mein Gesicht trocken ist. Dann tauche ich
wieder ab, um diese Erfahrung zu erneuern, und tauche wieder
auf mit ähnlich unbefriedigendem Erfolg. Wenn ich jedoch ganz
schnell herunter und herauf wechsele, dann habe ich oben noch

kurz einige Tropfen im Gesicht und damit noch eine Ahnung, wie das Nasse sich anfühlt, wenn ich mich dazu äußere.

Was meine ich mit diesem Ab- und Auftauchen? Ich habe zusammen mit Raimon Panikkar ein Buch geschrieben: „Liebe – Urquelle des Kosmos. Ein Gespräch über Naturwissenschaft und Religion". So einen Titel würden Sie nicht von einem Kernphysiker erwarten. Es ist aus einem mehrtägigen Gespräch in der Einsiedelei von Panikkar im Nordosten Spaniens hervorgegangen. Es war reich an neuen Einsichten, aber nicht so leicht, wie meine Gespräche mit Heisenberg, was wir beide auch nicht erwarten konnten. So sagte er einmal in einem schwierigen Augenblick: „Schick doch endlich den Physik-Professor weg, und lasse den Menschen Hans-Peter sprechen." Ich entgegnete: „Der Physik-Professor ist weit weg, er hätte nie gewagt, über die Schwelle deines Hauses zu treten. Säße ein Physiker neben uns, er wäre entsetzt über die Art und Weise, wie ich die Naturwissenschaft darstelle. Ich spreche ja nur in Metaphern und Gleichnissen." Er: „Deine Metaphern sind mir zu aristotelisch. Aristoteles verglich sie mit konkreten Beispielen aus seiner Lebenserfahrung." Ich: „Ja, so verstehe ich Gleichnisse. Ich habe eine Vorstellung von etwas, das ich begreifen kann, und relativiere sie, indem ich sie geeignet vereinfache, wie eine Art Karikatur, mit wenigen Strichen. Ich könnte bei Dir genau so gut sagen: Schicke doch den Theologen weg und lasse den Menschen Raimon sprechen." Er war damit nicht einverstanden, da er seine Sprache den tradierten Schriften, wie den bildlosen Veden, entnehme, die nicht von Menschen geschrieben wurden. Das ist auch der Grund, meinte er, warum es nie eine Versöhnung von Wissenschaft und Religion geben kann, wie ich es versuche. Ich war mit dieser Aussage nicht zufrieden, betrachtete sie aber mehr als ein Missverständnis. Mit Versöhnung verstehe ich eine verborgene Übereinstimmung zwischen („unter Wasser"), der *potenziellen Nichtwissen-schaft*, der Quantenphysik, und der *religio*, der Rückbesinnung, im Gegensatz zu („über Wasser"), den vielfältigen, nur metaphorisch gemeinten Wissenschaften und Religionen im Sinne von Konfessionen, welche für uns die Funktion einer Deutung oder Vermittelung haben. Die bildlosen, in Sanskrit geschrieben Veden sind für mich – für mich persönlich, der Sanskrit nicht versteht und die Veden nicht ausreichend kennt – kein möglicher metaphorischer Zugang, aber ich anerkenne in diesen Schriften, dass sie nicht von einem einzigen Menschen geschrieben wurden, sondern die angesammelte Zusammenschau einer über viele Jahrhunderte, ja Jahrtausende weiterentwickelten und nur mündlich überlieferten Weisheit darstellen. Eine Versöhnung, wie ich es meinte, kann es nur zwischen Wissenschaften und Religionen (Konfessionen) geben, beide („über Wasser"-typisch) gleichnisartig vielfältig und unterschiedlich, aber im Kern doch sehr viel näher, als wir es jetzt empfinden. Die („unter-Wasser"-typischen) unmittelbaren, vertieften Formen entsprechen dem prinzipiell nicht mehr vermittelbaren mystischen Teilhaben an der liebenden, lebendigen, unauftrennbaren Advaita, dem Urquell des Kosmos.

Frage: Warum klingt das, was Sie über Quantenphysik erzählen, so buddhistisch?

Dürr: Das fragen mich oft Leute, die mit Buddhismus vertraut sind. Mein Ausgangspunkt war jedenfalls nicht der Buddhismus, sondern die paradox erscheinende Erkenntnis der Quantenphysik. Die größere Nähe zu den asiatischen Religionen, wie Buddhismus oder Daoismus u.a., rührt meines Erachtens daher, dass diese im Vergleich zu unseren Religionen, insbesondere den theistischen Konfessionen, keine Religion sind, weil sie auf dem offeneren und tieferen mystischen „religio"-Niveau angesiedelt sind, mit der Schwäche vielleicht, dass sie das aus dem originär Kreativen resultierende Lebendige nicht ausreichend eingebunden haben.

Doch hier noch einige spezielle Aspekte, die mein Interesse am Buddhismus und allgemeiner an den asiatischen Traditionen im Kontrast zu unseren abendländischen geweckt haben.

Aus der Sicht der Quantenphysik, in meiner Interpretation, gibt es keinen isolierten Gott. In gewisser Weise sind Schöpfung und Schöpfer dasselbe, ein zeitlich offenes, lebendiges Beziehungsgefüge ohne Obrigkeit, das „All-Eine" oder besser in Sanskrit: „A-dvaita". Advaita bedeutet dabei mehr als die Negation „Nicht-Zweiheit". Es ist die Abwesenheit der Qualität der Trennung (also ähnlich wie wir auf die Frage nach der Farbe eines Kreises diesen besser als „a-chrom" und nicht als „farblos" bezeichnen sollten). Gleichnishaft empfinden wir ein Bedürfnis und ein Bestreben, uns weiter und höher zu entwickeln, um das „Andere" besser wahrzunehmen, verbunden mit der Vorstellung eines möglichen Emporsteigens: Ich möchte dem Buddha näherkommen. Doch aus „neuer" Sicht ist Alles unauftrennbar miteinander verbunden, also nicht nur das von uns zunächst wahrgenommene Irdische, sondern das allumfassende Kosmische, eben die Wirklichkeit als Advaita. Für einen Vergleich passt mir deshalb vielleicht als Leitbild besser das Symbol eines Bodhisattva: Ich will nicht nur *Mich Selbst* weiter entwickeln, sondern *Alles anheben*, denn *Ich* bin ja nicht ein Teil, sondern Teilhabender, Teilnehmer, aber auch Mitwirkender an der gemeinsamen dynamischen Wirklichkeit und damit auch Mitträger der Evolution des Lebendigen.

Mein „Ich" ist nicht im Raum lokalisiert, verbirgt sich nicht unter meiner Haut oder nah an meinem Herzen, sondern ist unendlich ausgebreitet. Du und Ich kommunizieren nicht über räumliche Distanz miteinander, wir sind in Kommunion, wo mein Ich und dein Du ausgedehnt sind, so dass beide sich nicht nur treffen, sondern den anderen mit einschließen.

Betrachten wir das Meer, so ist bei Wind seine Oberfläche gekennzeichnet durch bewegte Wellen verschiedener Größe, von weißen Schaumkronen gekrönt. Von oben gesehen, haben wir vom Meer den Eindruck einer blauen Fläche mit vielen getrennten weißen Flecken, die, auf nicht einfache Weise verbunden, miteinander spielen. Ein Gleichnis für unsere scheinbare Unabhängigkeit voneinander, aber der Fähigkeit, miteinander in Verbindung zu sein und zu kommunizieren. Wir, als Schaumkronen, sind noch getrennt, aber wenn ich in oder mit meiner Welle nach unten gehe und meine Nachbarwelle macht das Gleiche, was einem innigeren Dialog entspricht und am Schluss in einem beidseitigen „Ja, ja, ja" endet, dann ist das keine Resonanz, sondern wir sind beide tiefer ins Meer eingetaucht und haben dort zu unserem Erstaunen den anderen im gleichen Wasser angetroffen. Wir erkennen, dass wir beide Beteiligte in einem bewegten Ozean sind. Aus dieser gemeinsamen Erkenntnis heraus können wir Spiele inszenieren, wo wir im Wellenschlag uns nicht nur gegeneinander bremsen, sondern uns miteinander zu einer höheren Welle aufschaukeln können.

Frage: Gibt es noch anderes, das an den Buddhismus erinnert?

Dürr: Der Buddhismus befindet sich auf einer Stufe, die viel wirklicher ist als die der theistischen Religionen, die zur Erläuterung Abbildungen in die Realität vorgenommen und Trennungen überbetont haben, wie Gutes und Böses, die sie dann mühsam wieder flicken mussten, um größeres Unheil abzuwenden. Es ist mein Eindruck, dass auch die theistischen Religionen am Anfang von ihren Begründern mystisch ausgerichtet waren, in dem Sinne, dass sie Gott nicht benannt haben wollten. War Gott einmal hervorgehoben, so wurde in der Realitätsdarstellung die Verbindung zu ihm ein Problem. Die Konstruktion einer Dreieinigkeit wurde zur notwendigen Brücke zwischen der unzugänglichen Transzendenz eines Gottes und seiner für den Menschen erlebbaren immanenten Erscheinung.

In dem Moment, wo man anfängt, etwas aufzuschreiben, wird die Versuchung groß, das Aufgeschriebene als das Wesentliche zu betrachten und die Aussagen streng wörtlich zu nehmen, anstatt sie mehr als eine Sammlung von gelungenen Gleichnissen zu sehen. Da steht z.B. in der Bibel: „Am Anfang war das Wort." Ich kann damit zunächst nichts anfangen, denn das „Wort" ist für mich zu realistisch. Im Griechischen heißt es ja auch „logos", das schon anders klingt. Und trotzdem, wenn ich die ganze reiche und unendlich differenzierte Welt als Schöpfung vor mir habe und sie mit voller Hingabe zu erleben versuche, dann erscheint mir eine solche Sprechweise zu eng oder einfach zu anthropozentrisch, auf eine Sonderstellung des Menschen und seine überragende Wichtigkeit hin frisiert. Es ist keine Frage, dass der Mensch prinzipiell über erstaunliche schöpferische Eigenschaften verfügt, die wir täglich mit großer Bewunderung wahrnehmen können. Aber wir sind erschüttert, dass diese Fähigkeiten ihn auch dazu verleiten, die lebendige Welt, in der er aufgewachsen und existenziell eingebettet ist, zu zerstören. Am Anfang war „logos" reicht nicht aus. Wo bleibt das liebende Herz? Am Anfang war der Klang, das Lied? Oder vielleicht noch offener und tiefsinniger: „Am Anfang was das Aah", das ausgesprochene „Aah" des Erstaunens, die aufgehende Sonne nach der Morgendämmerung – ja, dann könnte ich mitgehen, weil es wirklicher ist. Das ist jedoch nur ein Beispiel. Im Buddhismus tritt diese Schwierigkeit weniger auf, da er die Realisierung zu vermeiden versucht und damit wirklich eine Potenzialität zulässt.

Frage: Als ich Ihr Buch las, dachte ich, es kommt mir vor wie Nagarjuna: Potenzialität, wechselseitige Beziehung, nichts ist substanziell auffindbar...

Dürr: Ja, solche Parallelen scheint es vielfach zu geben. Das macht mich nicht zum Buddhisten, aber auch nicht zum Nicht-Buddhisten. Auch bin ich weder Christ noch Nicht-Christ. Die Benennung führt zum Missverständnis, wenn wir uns daran klammern. Für eine Unterhaltung und auch einen liebenden Dialog ist sie als Einstieg hilfreich, ja lebensdienlich.
Ich habe jedenfalls im Augenblick gute Kontakte mit Japanern, Chinesen, Indern, Indianern und interessiere mich sehr für ihre Traditionen. Wir können uns erstaunlich gut verständigen, ob-

wohl es sprachlich nur auf Englisch geht. Da Englisch weder für mich noch für die anderen unsere Muttersprache ist, hat dies den Vorteil, dass wir uns „schwebend", durch wechselseitig erlebte Geschichten verständigen müssen.

Mich interessiert vor allem, wie wir die heutige Form der alten Religionen von all dem reinigen können, was von ihrem Ursprung bis heute meist durch machtpolitische Einflüsse geändert und hinzugefügt wurde. Ich vermute, wenn man das alles abschält und die Religionen auf ihren Ursprung zurückführt, würden alle sich wesentlich näherkommen. Alle Religionen haben meines Erachtens in großer Offenheit angefangen und auch davor gewarnt, Dinge zu „ergreifen", Texte fundamentalistisch festzuklemmen. Zur Unterstützung der Lernenden brauchen wir als handelnde Menschen realistische Greifsprachen, doch wir sollten unsere Gespräche öfters mit dem Nachsatz enden lassen: „Vergiss es, auch das war nur ein Gleichnis. Das letzte Stück des Weges zu einer weiteren Annäherung muss jeder für sich selbst suchen und gehen." Bei den offeneren, undogmatischen Ansätzen im Buddhismus und allgemeiner noch im Daoismus gelingt dies meines Erachtens viel leichter als bei den auf Eindeutigkeit und Genauigkeit zielenden, schärfer formulierten Religionen.

6. Lebendigkeit verlangt statische Instabilität

Frage: Wie kommt man in den Zustand, wo wir Menschen eine höhere Empfindsamkeit erreichen, in der wir über das direkt Greifbare hinaus die tiefer angelegte Wirklichkeit in ihrem ständigen Wandel wahrnehmen können?

Dürr: Vom Standpunkt des Physikers aus bleibt es zunächst rätselhaft, auf welche Weise die in der Mikro-Physik entdeckte Ur-Lebendigkeit in unserer makroskopischen Alltagswelt eine Chance haben soll, sich dort in der Gestalt von viel größeren und höher entwickelten Lebensformen der Pflanzen- und Tierwelt, uns eingeschlossen, bemerkbar zu machen. Und dies ohne dabei durch die erwartete „Ausmittelung" auch zum dominierenden, scheinbar Unbelebten degradiert zu werden. Hier bedarf es eines Verstärkungsmechanimus, einer Art Kettenreaktion oder Dominoeffekt, durch den gewisse Möglichkeiten, bevorzugt unter anderen, verstärkt wirksam werden können.

In der Physik sind es „statisch instabile Gleichgewichtszustände", singuläre Chaos-Punkte, die eine solche bevorzugte Auslese ermöglichen. Das klingt unverständlicher, als es erfahrungsgemäß ist. Es lässt sich nämlich durch ein einfaches Pendel demonstrieren, dessen Hin-und-Her-Schwingungen, wie beim langen Pendel einer alten Standuhr, uns allen wohl vertraut sind. Physikalisch lassen sich diese Schwingungen leicht berechnen, außer in dem einen singulären Fall, wenn ich das Pendel exakt nach oben richte, also auf den Kopf stelle. In dieser Lage weiß das Pendel – und auch ich nicht –, in welche Richtung es herunterfallen soll, wenn ich es loslasse. Es bleibt zunächst schüchtern oben stehen. Wir nennen dies ein instabiles Gleichgewicht.

Meditation oder Versenkung heißt für mich gleichnishaft, dass ich mich in einen solchen statischen Instabilitätszustand oder eine Verkopplung solcher Zustände, eine Chaos-Situation, begebe. Das Interessante an diesen Chaos-Systemen ist jedoch, dass die Hintergrundstörungen, die den chaotischen Ablauf bewirken, ihre Wurzeln nun in dem nicht-auftrennbaren Beziehungsgefüge, der quantenphysikalischen Potenzialität, dem Spirituellen, der „Liebe, Advaita besitzen. Dies hat zur Folge, dass das Chaos wegen dieser Ur-Verbundenheit kein Chaos mehr ist. „Der Alte würfelt nicht", entgegnete einmal Albert Einstein bei seiner entschiedenen Ablehnung der Quantenphysik. Jetzt wird diese Aussage richtig, aber umgekehrt als Stütze der Quantenphysik.

Verständlicherweise haben viele Menschen Angst vor den Chaos-Punkten, weil es ein Zustand der größten Unsicherheit ist. So kostet es in der Tat anfangs etwas Mut, auf ein Fahrrad zu steigen, das instabil nach rechts und links kippt. Aber – und hier kommt ein interessanter Hinweis, wie wir eine Instabilität, schon in der alten Sprache, stabilisieren können –, meine Fahrrad-Instabilität kann ich leicht „dynamisch" stabilisieren, indem ich durch eine geeignete Führung meiner Lenkstange Kräfte mobilisiere, die geeignet nach links und rechts wirken und das in Gang gesetzte Fahrrad stabilisieren. Wir lernen dies nicht durch scharfes Nachdenken, sondern spielerisch durch ein Gefühl.

Dynamische Stabilisierung muss gefüttert werden! Wichtig dabei ist die Feststellung, dass die erforderliche Energie nicht mit der Sensibilisierung und der damit verbundenen nicht-materiell-energetischen Inspiration zu tun hat. Inspiration sollte deshalb, in physikalischer Sprache, nicht als „fein-energetisch" bezeichnet werden.

Diese Einsichten charakterisieren für mich das Paradigma des Lebendigen. Lebendigkeit ist primär angelegt als eine Ur-Lebendigkeit – ein anderer Name für die Ur-Verbindung, die aber die Wirklichkeit, den ständigen Wandel, ja „lieben" betont –, die in unserer Lebenswelt greifbar zum Ausdruck kommt durch einen Verstärkungsprozess. Dieser Prozess verlangt eine äußere statische Instabilität, dynamisch stabilisiert durch kreative Differenzierung, verbunden mit der Fähigkeit zur kooperativen Integration auf einem höheren qualitativen Niveau, welche ihre Unterschiedlichkeit nicht zerstört. Das bedeutet auch: Nachhaltigkeit darf sich nicht in der Notwendigkeit erschöpfen, das Bestehende zu würdigen und zu erhalten, sondern sie muss dynamisch mit der Forderung verknüpft sein, deren Besonderheit und Kreativität zu fördern und die Vitalität durch eine kooperative Integration zu gewährleisten. Nachhaltigkeit bedeutet deshalb dynamisch: Das Lebende lebendiger werden zu lassen.

7. Spiritualität und Bewusstsein: Quantenphysik und Hirnforschung

Frage: Was genau ist Ihre Kritik an der Hirnforschung, die Sie gelegentlich andeuten?

Dürr: Die Hirnforscher wollen das Bewusstsein mit Instrumenten ausfindig machen und naturwissenschaftlich beschreiben.

Die Physik ist mit Ihrem Ziel, zu erkennen, was die Welt im Innersten zusammenhält, durch genauere Beobachtung mit Hilfe immer besserer Messinstrumente mit großem Erfolg in immer kleinere Regionen vorgedrungen. Man glaubte, dort die Grundbausteine unserer Welt zu finden, mit denen durch geeignete Synthese prinzipiell alles zusammengebaut und verstanden werden kann. Die Erfolge dieser reduktionistischen Betrachtung waren so überwältigend, dass kaum ein Zweifel bestand, dass der Mensch letztlich auch die Macht haben wird, mit seinem erweiterten Verständnis die Welt – unlebendig und dann auch lebendig – in den Griff bekommen zu können.

Wir verfügen zunächst in unserem Sehen und unserer Sichtweise primär nur über das Licht, das gerade nur einer Oktave im unendlich breiten Spektrum der elektromagnetischen Wellen entspricht. Doch können wir darüber hinaus durch geeignete Instrumente, die wir erfunden haben, auch noch sekundär in uns bisher verschlossene Bereiche der Realität eindringen und so unseren Gesichtskreis auf erstaunliche Art und Weise erweitern.

In seinem Buch „Consilience" (in deutscher Übersetzung: Die Einheit des Wissens) hat der amerikanische Zoologe Edward Wilson über das Gemeinsame der Wissenschaften geschrieben:

„Ohne Instrumente sind Menschen in einem kognitiven Gefängnis eingesperrt ... sie sind wie intelligente Fische, die sich ... über die äußere Welt wundern ... Sie erfinden geniale Spekulationen und Mythen über den Ursprung des sie einschließenden Wassers, über die Sonne und den Himmel und die Sterne über ihnen, und über den Sinn ihrer Existenz ... Aber alles ist falsch, sie irren sich immer, weil die Welt zu weit entfernt ist von ihrer täglichen Erfahrung, um bildlich einfach erfasst zu werden ... "

Es ist richtig, was Wilson sagt, für mich allerdings bedenklich, wenn er damit beginnt: „Ohne Instrumente" – d.h. ohne die Instrumente der Naturwissenschaften – sind Menschen in einem kognitiven Gefängnis eingesperrt. Dies suggeriert, dass es Naturwissenschaftler mit ihren Instrumenten geglückt ist, aus dem kognitiven Gefängnis auszubrechen. Tatsache ist, dass, was uns die Quantenphysik offenbart hat, sie nur in einem anderen Gefängnis sitzen, bei dem nicht entschieden ist, ob es wirklich geräumiger und besser ist als das eines Menschen, der mit hoher Empfindsamkeit die für ihn direkt erfahrbare, höchst vielfältige Natur wahrnimmt.

Jemand, der keine Instrumente hat, hat einen viel umfassenderen Zugang zur Wirklichkeit. Eine Zusammenschau aller unserer fünf Sinne erlaubt uns zum Beispiel, Erinnerungen in uns wachzurufen, die tief in uns verborgen sind. Das Ganze ist reicher als die Summe seiner Teile. Ein pragmatischer Wissenschaftler addiert am Schluss seine durch Tatsachen ermittelten Erkenntnisse. Doch fehlt diesen, das in meinen Augen Wesentliche, die spirituelle Dimension.

An die Biologie und insbesondere auch an die moderne Hirnforschung gerichtet – die wissenschaftlich unser Bewusstsein zu klären und zu erklären versucht – könnte man sagen: Die moderne Physik basiert gewissermaßen primär auf einer Software und nicht auf einer für uns greifbaren Hardware. Ihre neuartige Hardware resultiert aus einem geeigneten Zusammenspiel der Software, ähnlich hardware-artig wie ein Betriebssystem in unserem Computer. Die Software in unserem Computer besteht nur aus Ja und Nein oder besser: Null und Eins in der binären Softwaresprache. Die ganze Computersprache basiert lediglich auf einer ding-haften Abfolge von Nullen und Einsen: Schalter aus: 0 oder Schalter ein: 1. Zum Beispiel in der ersten Reihe:

$$0 - 1 - 1 - 0 - 1 - 1 - 0 - 0$$
$$J \quad N \quad J \quad J \quad N \quad J \quad N$$

Aber wir können die Zahlenabfolge auch prozess-haft als eine Dazwischen-Abfolge schreiben, wie in der zweiten Reihe, mit Prozessen: Änderung = Ja und Nichtänderung = Nein. Es ist kaum zu glauben, dass wir mit einer bestimmten Abfolge dieser zwei Symbole mit unserem Computer alle Bilder auf unserem Bildschirm, alle Musiken durch unseren Lautsprecher und alle Texte von unserem Drucker erzeugen können. Die Vorstellung, dass ein Musikstück, wie etwa die Matthäus-Passion von Bach, mit seinem großen Orchester, seinem vierstimmigen Chor und seinen Solisten, auf eine reine Formstruktur, eine Dazwischen-Abfolge von Ja oder Nein Prozessen – ich nenne sie manchmal Ja und Nein „Wirks" – abgebildet werden kann, übersteigt unser spontanes Vorstellungsvermögen.

Dass „Substanz", als das „was ist" und für uns greifbar ist, wie Bilder, die ich ansehen, Musik, die ich hören und Schriftstücke, die ich lesen kann, alles auf Formstrukturen zurückgeführt werden kann, war für mich schon früher ein Rätsel, als wir Musik noch auf Schallplatten fixiert hatten. Als Jugendlicher war ich von der Matthäus-Passion von Bach, bei der ich mitgesungen hatte, sehr begeistert. Zu Weihnachten bekam ich eine Schallplatte geschenkt, auf der ich, neugierig wie ich war, sofort mit einem Vergrößerungsglas die Sopranstimme zu entdecken versuchte. Natürlich fand ich nichts. Sie zeigt sich an keinem Fleck, da sie durch die Verbindung und Verwacklung eines einzigen spiralförmig eingeprägten Kratzers auf der Platte zustande kommt. Die ganze komplexe Musik, die Töne und Obertöne hundert verschiedener Instrumente und Stimmen, war unentwirrbar an einer langen Formstruktur gemeinsam aufgereiht, ohne jede Chance, daraus den Beitrag des Soprans isolieren zu können. Das Ohr und ähnlich auch der Computer haben keine Ahnung von Musik. Erst wenn sie bei uns ankommt, entwirrt unser Gehirn diese kunstvoll zusammen verwobene Vielfalt und lässt uns die Musik nicht als

Überlagerung von Tonfrequenzen, sondern von Tonerzeugern: Geige, Cello, Oboe, Sopran usw. erkennen, aber nur, weil ich und jeder von uns durch von unserem Gehirn selbst gesammelte Erfahrung oder durch Zugriffe auf im Hintergrund zugängliche gemeinsame Netzwerke dies entschlüsseln kann. Dazu braucht es ein Betriebssystem und eine angemessene Einstellung.

Die Biologen und Hirnforscher sind immer noch an die Vorstellungen der alten Physik gebunden, die versuchen, auch das Lebendige auf die reduzierbare materiell-energetische Realität zurückzuführen. Sie halten das von der Quantenphysik aufgedeckte urlebendige Dazwischen-Beziehungsgefüge für irrelevant wegen des vermutlich unvermeidbaren Ausmittelungseffekts für die Billionen mal größeren Lebensformen und interessieren sich, gleichnishaft gemeint, weiterhin nur für die messbare Hardware.

So wird sich ein Hirnforscher zum Beispiel für den Drucker interessieren. Sie fragen sich, wie es kommt, dass beim Drucker, ähnlich wie aus unserem Gehirn, etwas schwarz auf weiß Geordnetes herauskommt. Sie entdecken, wie aus verschiedenen Düsen schwarze Farbe auf disziplinierte Weise so herausspritzt, dass sich Buchstaben bilden. Sie sehen vielleicht auch in einer Ecke so etwas wie einen schlanken Zahnstocher, ohne zu ahnen, dass dies ein USB-Stick ist, auf dem Hunderte von Vorträgen mit je Dutzenden von farbigen Bildern gespeichert sind. Wer würde schon vermuten, dass die darin enthaltenen riesig langen Ketten von nur Nullen und Einsen die wesentliche Information für all die Schriften und Bilder enthalten. Ich selbst kann dies kaum fassen. Die Hirnforscher wollen etwas genauer beschreiben, aber das bringt einen, angesichts der unauftrennbaren Komplexität, nicht weiter, sondern fesselt einen eher durch die greifbaren Vorurteile.

In der Quantenphysik haben wir einen komplexeren Weg eingeschlagen, um einen besseren Überblick zu bekommen. Dadurch wird es aber auch unbegreiflich, weil es unser Vorstellungsvermögen überschreitet. Als Mathematiker ist man sehr einfallsreich und kann sehr komplexe Dinge konstruieren. Die Quantenphysik verbirgt jedoch eine sich ständig ändernde, lernfähige Potenzialität, die weit komplexer als unser Computer ist. Das nicht-auftrennbare Beziehungsgefüge darf nicht als reines Informationsfeld in unserem bekannten dreidimensionalen Raum aufgefasst werden, sondern als ein ständig sich wandelndes, komplex informiertes, lernfähiges Erwartungsfeld in einem ganz andersartigen hoch-dimensionalen, ja unendlich dimensionalen Raum.

Potenzialität ist eine Art Schwebezustand, der sich, wie unser „liebender Dialog" gezeigt hat, nicht sofort manifestiert, sondern nur, wenn man sich ihm ganz vorsichtig nähert. Zunächst verständigt man sich: Wir sagen dann „Ja, ja, ja", um in unserer Sprache zu bleiben. Das ist aber noch nicht gut genug, um einem Dritten zu erklären, worüber man übereingekommen ist. Wir benutzen nur gleichnishaft unsere Umgangssprache mit anderen in unserer Umgebung, da wir die Beziehungsstruktur deutlicher in Erscheinung treten lassen wollen. Für einen Physiker ist dieses Verweilen in seiner Umgangssprache durch Gleichnisse nur bedingt nötig, weil er auch mathematische Gleichnisse verwenden kann. Mit Mathematik hat er den Vorzug, vom Wie und nicht vom Was ausgehen und damit jonglieren zu können.

Die Mathematik eröffnet in dieser Hinsicht einen phantastisch großen, jedoch nur formalen Gestaltungsraum, wie etwa die unendlich dimensionalen, komplex-wertigen Räume. Mit ihnen brauchen wir nicht wieder zurückzugehen in die Sprache der Ahnung oder Inspiration, sondern wir können „handwerklich" vorgehen. Aber darauf möchte ich nicht näher eingehen, denn auch sie sind nur Gleichnisse, mit denen ein Nichtwissenschaftler nichts anfangen kann. Sie erlauben eine differenzierte Umsicht und lassen besser erahnen, warum eine griffigere Darstellung nicht möglich ist. Sie fordern zur Bescheidenheit auf. Aber sie machen genügend deutlich, dass viele Sachverhalte und Probleme, über die wir Menschen uns so heftig streiten können, ja die sogar Ursache für Vernichtungskriege werden können, so sinnlos sind wie die Frage nach der Farbe eines Kreises. Um dies zu erkennen, brauchen wir nicht diese komplizierten Darstellungen, sondern schlicht eine höhere Sensibilität für den spirituellen Zusammenhang.

8. Paradigma des Lebendigen

Frage: Heute scheinen wir vergessen zu haben, dass unser Leben auf Kooperation beruht.

Dürr: Wir betonen die Emanzipation, dazu brauche der Mensch Freiheit. Jeder soll frei sein und einzigartig. Ja, das ist richtig! Aber wir dürfen die Freiheit nicht ausnutzen, um gegen das Paradigma des Lebendigen anzugehen und uns einem naiven Darwinismus auszusetzen, nämlich: Derjenige, der die beste Lösung gefunden hat, dominiert und versucht in einem gnadenlosen Wettbewerb möglichst viele der anderen zu überwältigen und auszuschalten.

Doch dies ist zu radikal, um eine erfolgreiche Fortentwicklung zu ermöglichen Denn was soll denn „die beste Lösung" sein, wenn die Zukunft wesentlich offen und damit prinzipiell unbestimmt ist? Dass es überhaupt in dreieinhalb Milliarden Jahren zur Entwicklung eines Menschen kam, ist auf genuine Verbundenheit und die damit resultierende Fähigkeit zur Kooperation in der Natur zurückzuführen, in die wir alle existenziell eingebettet sind. Leben ist auf Kooperation aufgebaut, was von uns wechselseitiges Vertrauen verlangt. Es benötigt Vielfalt und Differenzierung als notwendigen Hintergrund.

Freiheit und Demokratie betonen richtig: Wir brauchen die Freiheit, um uns selbst zu entdecken und unsere Talente zu entwickeln. Demokratie bedeutet Kooperation, doch nicht nur in dem Sinne, dass ich meinen Stimmzettel abgebe und dann von Leuten regiert werde, die ich überhaupt nicht wollte. Demokratie verlangt Teilhabe an den Entscheidungen, welche unsere Zukunft bestimmen. Partizipation ist in uns allen angelegt. Die Fähigkeit zur Kooperation ist nicht ein Ergebnis menschlicher Zivilisation, sondern Voraussetzung für die Evolution des Lebens. Die Wirklichkeit basiert auf der Unauftrennbarkeit der Schöpfung, was im Sanskrit in der Bezeichnung *Advaita* zum Ausdruck kommt. Unsere Existenz als Menschen, wie die Existenz von allem Lebendigen auf dieser Erde, vermittelt uns die Einsicht, dass wir bisher nicht alles falsch gemacht haben und dies nicht zufällig, sondern weil durch unsere All-Verbundenheit unser Wissen und Handeln mit Weisheit getränkt war.

9. Was kooperiert, hat größere Überlebenschancen

Frage: Sie sind ein politisch engagierter Mensch. Sicher hängt Ihr Engagement mit Ihren Einsichten als Physiker zusammen, dass Sie die Verbundenheit sehen und erleben. So haben Sie zum Beispiel im Vorstand von Greenpeace gearbeitet, 1987 den Alternativen Nobelpreis erhalten und das Global Challenges Netzwerk gegründet. Worin sehen Sie im Moment die drängendsten Aufgaben, die wir in dieser Welt zu lösen haben?

Dürr: Unsere Aufgabe ist es, die Lebenszeit, die wir haben, nicht passiv zu verbringen. Denn wer hält uns denn am Leben? Wir sind an der Schöpfung mit beteiligt, und weil die Zukunft bei meiner Sichtweise wesentlich offen ist – anders als im Buddhismus, wo sie zeitlich als Kreislauf beschrieben wird –, ist es unsere Aufgabe, aus dem Hintergrund heraus, der jeweils das Ganze einschließt, den nächsten Schritt zu machen.

So verfolge ich in meinen Handlungen die Tendenz, mit Freude etwas anzustreben und in Gang zu setzen, was mit der Gemeinschaft möglichst harmonisiert oder in fruchtbarer Übereinstimmung ist. Was auf diese Weise ständig kooperiert, ohne die differenzierte Vielfalt übermäßig zu schröpfen oder gar zu zerstören, hat eine größere Überlebenschance als das völlig Unverbundene, das durch beliebiges Herumprobieren die für ein Überleben günstigste Kombination in einer angemessenen Zeit zu finden erhofft. Ein solcher Ausleseprozess verlangt einen unbarmherzigen, gewalttätigen Wettkampf um die den äußeren Verhältnissen bestangepasste Kombination, wobei nur die Verhältnisse der jeweils nahen Zukunft ausschlaggebend sein würden und nicht die eigentlich wesentliche, prinzipiell noch unbekannte langfristige Zukunft. Das von Darwin betonte „Survival of the fittest" darf nicht als ein „Überleben des Stärkeren" interpretiert werden, sondern als ein Überleben des für die offene, sich dynamisch gestaltende Zukunft Best-Angepassten, das nur durch eine Fähigkeit zur jeweils optimalen Kooperation des Vielfältigen erreicht werden kann. Es entspricht einer kohärenten, gleichschwingenden Überlagerung verschiedener Wahrscheinlichkeitswellen, die einer kooperativen Integration entsprechen und dadurch – ähnlich wie dies auch im Ozean in Form riesig aufwallender Wellen geschieht – eine Verstärkung erfahren, wobei die Wellenhöhe ein Maß für die Wahrscheinlichkeit der Realisierung bestimmter, für uns begreifbarer energetisch-materieller Erscheinungsformen festlegt.

Als prinzipiell Handlungsfähiger und Handlungswilliger, vertraut mit dem Ab- und Auftauchen, finde ich mich immer wieder bewusst in der uns bekannten „Realität". Dort stehe ich (über Wasser), mein umfassenderes Ich zum Ego geschrumpft, wie gewohnt den anderen als Anderer gegenüber und werde handlungsfähig. Ich drücke den Knopf, wie mir scheint aus freiem Willen. Das gilt nur beschränkt, denn in den Vorüberlegungen und Vorbereitungen jeder Handlung, entsprechend meinem räumlich nicht eingeschränkten größeren „Ich", beziehe ich natürlich bewusst oder unbewusst in gewisser Weise die Überlegungen anderer mit ein und entscheide letztlich aus diesem erweiterten Hintergrund heraus. Im Augenblick der realen Entscheidung fühle ich mich isoliert, bin ich allein und handele und übernehme damit auch die Verantwortung.

Wenn ich als Ego bewusst etwas mache, verursache ich in der Realität in gewisser Weise eine Verletzung des Bestehenden, wie die Infektion eines gesunden Organismus. Denn als enges Ego erfahre ich nur etwas wie Emanzipation: „Ich bin frei!" Warum soll ich mich um das verbleibende Beziehungsgefüge kümmern, das mehr wie eine störende Last an mir hängt? Ich kann diese Beziehung jedoch nicht ganz weglassen, sonst könnte ich zum anderen keinen Kontakt aufnehmen und würde vereinsamen. Der Zusammenhang wird durch energetisch-materielle Wechselwirkungen erklärt.

Jeder Infektion folgt ein Heilungsprozess, der langsamer als die Infektion verläuft: Jetzt habe ich das Gleichgewicht gestört, nun muss es wiederhergestellt werden, wenn möglich in einer qualitativ besseren Form, etwa im Sinne eines robusteren Immunsystems. Wenn mir das nicht gelingt, und das passiert, wenn die Infektion zu groß ist und sich als starrköpfiger Störenfried gebärdet, dann hat er keine Überlebenschance, er wird aus der Evolution hinausgeworfen. Die Infektion ist Auslöser der Wandlung. Der erfolgreiche Heilungsprozess jedoch ist das letztlich Wesentliche, um das Lebendige zur Weiterentwicklung und zur vollen Entfaltung zu bringen.

Streng gültig erscheinende Naturgesetze geben uns die Möglichkeit, unsere Umwelt zu unserem jeweils eigenen Nutzen zu manipulieren. Die Verallgemeinerung ihrer strengen Gültigkeit auf das Lebendige führt zu einer gefährlichen Fehlentwicklung, die immer wieder die Evolution des Lebendigen gefährdet. Die Folgen sind jedoch in der Regel nicht katastrophal. Die Lebewesen, die so zerstörerisch wirken – und ich denke hierbei in großer Sorge vor allem an uns Menschen – werden gewöhnlich nach kurzer Zeit aus dem qualitativ ständig reicheren und flexibleren Lebensprozess hinausgeworfen, oder sie werden zu einem Ast, der nicht mehr nach oben strebt, sondern seitwärts endet oder sich am Ende selbst absägt. Da gibt es keine übermächtige Polizei, die sagt, was ethisch erlaubt ist oder nicht, sondern das entgleiste System ruiniert sich selbst, leider auch mit Schädigung anderer.

Schon vor einigen Jahren fragte mich einer meiner chinesischen Freunde: „Warum regst Du Dich so auf über das neo-kapitalistische westliche Wirtschaftssystem. Das kannst Du doch nicht mehr ändern. Wie ein Krebsgeschwür, wird es ganz von alleine kollabieren.

Frage: Ist das auch Ihre Einschätzung?

Dürr: Ich fürchte leider: Ja!, wenn ich rational nach möglichen Auswegen suche. Die entscheidende Frage ist jedoch, was alles dabei mit kollabiert. Eine totale Katastrophe ist immer möglich, aber für uns kein zulässiger Ausweg. Wir und all die vielen wunderbaren hellsichtigen Menschen, die wir kennen und schätzen, sitzen ja auch in diesem lecken Boot, und wir alle wollen nicht gerne mit dem Hauptverursacher untergehen.

Mein Freund antwortete: „Warum steigst du nicht um in unser Boot?" – Meine Antwort war: „Ich weiß nicht, ob ihr nicht auch schon im gleichen Boot sitzt. Sind eure großen Städte, wie Peking, Schanghai, Hongkong u.a., nicht alle schon mit Metastasen infiziert? Viele meiner amerikanischen Freunde sind gleicher Meinung, aber interpretieren es positiv, dass China durch die enge wirtschaftliche Zusammenarbeit mit den USA und der westlichen Welt schon ganz sicher und sogar in noch extremerer Form den US-Amerikanischen Weg eingeschlagen hat. Meine chinesischen Freunde fanden diese Vorstellungen eher lustig und Folge eines unzureichenden Verständnisses ihrer fünftausend Jahre alten chinesischen Kultur oder schlicht als Ergebnis einer bewusst verzerrten Berichterstattung der westlichen Medien, welche auf diese Weise die Machtdominanz des Westens retten wollen. Aus chinesischer Sicht ist die augenblickliche Entwicklung Chinas primär eine große gemeinsame Anstrengung, so schnell wie möglich die wissenschaftliche und technische Entwicklung des industrialisierten Westens des letzten Jahrhunderts aufzuholen. Sie hätten jedoch keine Absicht, das insbesondere durch unser Werte-verzerrtes Finanzsystem menschlich unzulängliche und ökologisch total unverträgliche neo-kapitalistische Wirtschaftsystem des Westens nachzuahmen. Dieses würde früher oder später sich selbst zerstören und dann erst eine Chance für eine überlebensfähige Entwicklung ermöglichen. Nun, wer wagt heute noch eine verlässliche Prognose? Der vermutete Kollaps ist ja zum Teil auch schon eingetreten.

Trotz alle diesem bin ich immer noch der Meinung, dass wir überleben können. Hier knüpfe ich an meine Erfahrungen mit Heisenberg an und auch an die Erfahrungen, die Heisenberg mit seinem Lehrer Niels Bohr hatte. Wir müssen nicht sechseinhalb Milliarden Menschen überzeugen, wir müssen sie nur erinnern, was sie in den dreieinhalb Milliarden Jahre richtig gemacht haben. Wir haben immer wieder in jedem Doppelschritt, Differenzierung und kooperative Integration und letztlich die neue Balance gefunden. Es kann doch nicht sein, dass die pathologische Machtentwicklung der letzten Jahrhunderte, in denen wir dem Vertrauen zerstörenden Null-Summen-Spiel oder gar dem Negativ-Summen-Spiel (the winner takes it all!), höchste Priorität eingeräumt haben, das kooperative Plus-Summen-Spiel in wenigen Generationen zerstört. Das war der Weg zum Unbelebten, wir wollten aber doch zum Lebendigen.

Kommen wir da noch heraus? Ich hoffe, dass wir immer noch in der Lage sind, rechtzeitig die große Gefahr für uns wahrzunehmen und auch die Weisheit und Kraft besitzen, eine starke Gegenbewegung ins Leben zu rufen.

Frage: Das ist bisher noch nicht geschehen….

Dürr: Nein, das ist noch nicht geschehen, aber im Gange. Ich frage mich: Wie viel Katastrophe braucht der Mensch, dass er auf den richtigen Weg kommt, bevor er sich selbst ausgerottet hat. Ich muss gestehen, dass ich mich insgeheim über die augenblickliche Krise freue, weil sie den dringend notwendigen Lernprozess in

Gang setzen kann … Sie ist noch nicht die große Katastrophe, die uns andernfalls droht.

Frage: Meinen Sie die ökologische Krise?

Dürr: Nein, die finanzielle. Wir waren dabei, die ökologische Krise zu verstehen und zu merken, dass wir uns selbst ruinieren. Jetzt gehen wir durch die Finanzkrise, und es sieht so aus, als wollten wir den Krebs retten, statt unsere Aufmerksamkeit auf ein gesundes Organ zu richten. Die Finanzkrise offenbart eine falsche Philosophie, sie verletzt das Paradigma des Lebendigen. Wir sind nicht mehr Zweige des Lebendigen, sondern des Toten, weil wir das Prinzip der Kooperation missachtet haben.

Das ökologische Problem ist das Hauptproblem, und das Nicht-Wahrnehmen der Natur ist identisch mit dem Nicht-Wahrnehmen des anderen Menschen. Aber es geht gar nicht nur um den Menschen, sondern wir müssen empathisch sein gegenüber der lebendigen Kreation, denn das ist unsere natürliche Lebensgrundlage. Die Schlüsselfrage ist: Sind wir lernfähig? Ich würde sagen: Ja, wir sind lernfähig. Wenn ich mit Menschen persönlich spreche, sagen sie: „Du hast ja recht, aber die Realität, in der ich überleben muss, lässt es nicht zu." Ich stimme dem zu, doch sollten wir keinen Zweifel in uns aufkommen lassen, was wir für richtig empfinden.

Es liegt an der Realität, die falsch ist, weil sie im Grunde nicht der Wirklichkeit entspricht. Das heißt: Wir müssen in unserer Welt die Lebendigkeit wiederentdecken, indem wir die spirituelle Dimension wieder mehr in uns wahrnehmen. Und dazu können wir als Naturwissenschaftler beitragen. Denn durch die großen Erfolge der Naturwissenschaften gehen die meisten Menschen davon aus, dass deren bisherige Einsichten prinzipiell auch in Zukunft für Erklärungen ausreichen werden und wir deshalb auf einen spirituellen Hokuspokus verzichten können. Wenn jedoch die Wissenschaft auf ihrem eigenen Weg selbst einsieht, dass die spirituelle Dimension kein Hokuspokus ist, so könnte dies einen Schlüssel zur Lösung des Missstandes liefern. Anstatt von einer strengen Realität auszugehen, spricht die Quantenphysik nur von einer weicheren Potenzialität, die vielen als wissenschaftlicher Begriff akzeptabler erscheint als etwa die Einführung einer spirituellen Dimension. Aber auch das Umgekehrte sollte betont werden: Die neuen Erkenntnisse der Physik führen nicht zu einem neuen Rezept für die Lösung unserer Probleme, sondern lehren uns vor allem Bescheidenheit in unseren Vorstellungen und öffnen uns damit Möglichkeiten, im Kern der vielfältig tradierten Weisheiten unsere gemeinsamen Wurzeln deutlicher zu erkennen. Dazu bedarf es ein neues Denkens, das die Lebendigkeit originär einschließt.

10. Wann stürzt das Kartenhaus zusammen?

Frage: Aber dieses neue Denken hat noch nicht Eingang in unsere Wirklichkeit gefunden. Wir leben immer noch wie im 19. Jahrhundert. Wir gehen mit der Natur, der Umwelt, in die wir eingebettet sind, so um, als wären wir von ihr völlig abgetrennt und könnten alles von ihr abverlangen.

Dürr: Die Finanzkrise offenbart eine falsche Philosophie, wenn die Finanzwirtschaft wirklich anstreben will, was sie öffentlich als ihr ethisch und humanes Ziel verkündet. Ihr Wertesystem steht im Widerspruch zum natürlichen Wertesystem, das wir beachten müssen, um eine dynamische Nachhaltigkeit langfristig zu gewährleisten. Die Finanzwirtschaft verletzt das Paradigma des Lebendigen.

Ich hatte angenommen, dass es mit dem Klimaproblem offensichtlich würde, dass es so wie jetzt nicht weitergehen kann; denn den Klimawandel erleben alle Menschen. Sie fragen sich – sogar die US-Amerikaner – warum gibt es plötzlich diese Stürme, diese Überflutungen und Dürren. Der Kohlendioxid-Ausstoß ist meines Erachtens gar nicht der allerwichtigste Punkt, sondern nur ein Aspekt, an dem sich die viel umfassendere Krise zeigt. Das Ausschlaggebende ist für mich: Der Grad, mit dem wir Menschen Energie zu unserem eigenen Nutzen umsetzen, ist so hoch, dass wir das Geo-Biosystem, die Lebenssphäre unserer Erde, in Schwierigkeiten bringen, denn sie müsste, ähnlich wie ein Kartenhaus, im Gleichgewicht gehalten werden. Wir tanzen, oder schlimmer, wir toben auf diesem Kartenhaus herum und wissen nicht, dass dieses Kartenhaus statisch instabil ist und ständig mit großer Sorgfalt gestützt werden müsste. Das Kartenhaus ist für die Lebenssphäre ein nicht ganz geeignetes Gleichnis, da seine scheinbare Stabilität von der wechselseitigen Reibung der aufgetürmten Karten herrührt, während in der Lebenssphäre die ständig eingestrahlte Sonnenstrahlung dynamisch für das Gleichgewicht sorgt.

Die entscheidende Frage wird also sein: Wie stark können wir Menschen auf dem Kartenhaus „Biosystem" herumtoben, ohne seine durch die Sonneneinstrahlung gestützte dynamische Stabilisierung zu überfordern und einen Kollaps des Kartenhauses, einen dramatischen Rückgang der vielfältigeren Lebensformen auf der begrenzt belebten, dünnen Haut der Erdoberfläche zu vermeiden.

Empirische Daten deuten an, dass ein rücksichtsloser, von uns Menschen verursachter Energieumsatz von etwas mehr als einem Viertel der von der Sonne gestützten energetischen Stabilisierung zu einem solchen Kollaps des Biosystems führen könnte. Man hat festgestellt, dass wir heute schon etwa diese gefährliche Grenze erreicht haben. Diese Grenze liegt ungefähr bei einem Energieumsatz von 10 TeraWatt, gleichwertig zu 100 Milliarden Energiesklaven. Die Leistung eines Energiesklaven ist dabei extrem hoch mit 100 Watt angesetzt, die etwa der Viertel-Leistung eines starken Kaltblutpferdes (1/4 PS) bei ununterbrochener 12 Stunden Arbeit pro Tag entspricht. Dies muss verglichen werden mit dem Gesamtenergieumsatz von uns Menschen von etwa (Angaben von 1990) 130 Milliarden Energiesklaven, von denen etwa 100 Milliarden von fossilen Brennstoffen und etwa 30 Milliarden direkt oder indirekt von der Sonne bezogen werden. Von den 100 Milliarden fossilen Energiesklaven sind etwa 60 Milliarden Kohlenstoff-Energiesklaven und 40 Milliarden Wasserstoff-Energiesklaven.

Die Frage, die wir uns alle stellen, ist: Wie viele Menschen verträgt unser Biosystem? Zurzeit hat die Erde sechseinhalb Milliarden Bewohner. Viele von uns meinen, das sei schon eine gewisse Obergrenze, 10 oder 20 Milliarden jedenfalls würden wir nicht vertragen, und wir zeigen mit Sorge auf die Länder des Südens mit ihrem enormen Bevölkerungswachstum. Doch zeigen wir hierbei in die falsche Richtung, denn die Belastung unseres Biosystems hängt nicht nur von der Zahl der Menschen ab, sondern vor allem auch davon, was die Leute tun oder wie stark sie mit ihren Aktivitäten in den natürlichen Lebenskreislauf eingreifen.

Wichtig in unseren Bemühungen ist auch die Frage nach der Suffizienz: Wie viel ist genug? Zur Entwicklung und Stabilisierung unseres Biosystems brauchen wir eine ständige Zuführung einer geordneten, arbeitsfähigen Energie. Sie wird uns „kostenlos", d.h. ohne eine verborgene Verschuldung, durch die einfallende Sonnenstrahlung geliefert. Wir brauchen über diese gigantische geordnete Energiequelle hinaus keine anderweitige Energieversorgung, weil sie uns das fast Zehntausendfache an Energie zuliefert, was wir Biosystem-verträglich unter unserer menschlichen Regie umsetzen können. Die Biosystem-Verträglichkeit ist hierbei die wesentliche Beschränkung, auf die wir aufmerksam achten müssen. Wir brauchen dazu neue Lebensstile, die, über unsere menschlichen, gesellschaftlichen Rahmenbedingungen für ein friedliches Zusammenleben aller Menschen hinaus, auch verträglich sind mit der in dreieinhalb Milliarden Jahren auf unserer Erde stetig gewachsenen Biosphäre, in die wir als Teilhabende und Teilnehmende kooperativ eingebettet sind und in der wir bisher erfolgreich aufgewachsen sind. Wir müssen lernen, weiterhin mit dieser ständig gewachsenen und weiter wachsenden irdischen Lebenswelt, durch ständige Differenzierung und kooperative Integration, das kreative Spiel zu einer gesteigerten Lebendigkeit mitzutragen. Wenn wir in diesem Bestreben versagen, werden wir es sein, die aus der Evolution des Lebens ausgeschieden werden.

Frage: Das würde aber bedeuten, dass wir unser Denken und Handeln grundlegend ändern müssten. Wir können nicht so weitermachen, zum Spaß durch die Gegend fliegen, schwere Autos fahren usw.

Dürr: Ja, und neues Denken bedeutet nicht, das alte Denken nur in eine andere Richtung zu lenken. Wir müssen uns darüber klar werden, dass wir Teil eines größeren Ganzen sind. Diese Rücksichtnahme hört nicht bei den Menschen auf, sondern bezieht alles mit ein.

Wir müssen Lebensstile entwickeln, um die Lebensbiosphäre zu schützen und nicht die Grenze zu überschreiten, wo wir die ganze Lebensbiosphäre in Gefahr bringen. Es bedeutet nicht ein armes Leben, sondern nur ein Leben, wo man der großen Verschwendung Einhalt gebietet. Die Erde verkraftet nicht alles. Es gibt phantastische Lebensstile, die mit dieser Vorstellung verträglich sind. Unsere steigende Schnelligkeit, mit der wir heute alles machen wollen, ist eine große Belastung. Wenn wir alles langsamer machen, können wir mit viel weniger Energie auskommen und dasselbe erreichen. Die Beschleunigung hat zerstörerische Gewalt. Wir zerstören immerzu. Wir brauchen einen Lebensstil, wie er in den Religionen immer gepredigt, aber nur selten befolgt wurde.

Wir müssen immer wieder zur Besinnung kommen, denn wenn ich handele, bin ich in gewisser Weise blind, da mein Augenmerk auf mein Handlungsziel gerichtet sein muss und gleichzeitig nicht auch den größeren Zusammenhang wahrnehmen kann. Ich kann jedoch beides verbinden, wenn ich in meiner Aufmerksamkeit hin und her pendele: Nach meinem aufmerksamen Handeln muss ich ab und zu zurückgehen und schauen, welche Auswirkungen mein Handeln hatte. Immer wieder nachsehen, in welche Richtung sich das Ganze bewegt und entfaltet. Handeln und Kontemplation müssen sich ständig abwechseln, um das Ganze im Auge zu behalten, ohne dass es in zwei getrennte Teile, zwei unterschiedliche Erfahrungen zerfällt.

11. Wissenschaft und Religion

Frage: Welche Rolle würden Wissenschaft und Religion in diesem Prozess spielen? Müssten sie sich nicht annähern? Im Moment hat man den Eindruck, dass wir noch im alten materialistisch-wissenschaftlichen Denken verstrickt sind. Andererseits haben wir die Religionen, die manchmal den Anstrich von Mythen und Dogmen haben. Müssen nicht beide sich füreinander öffnen, die Religion für wissenschaftliche Erkenntnisse und die Wissenschaft für andere Arten, die Wirklichkeit wahrzunehmen?

Dürr: Die Wissenschaft hat uns durch ihre erweiterten Sprachen Möglichkeiten eröffnet, Gleichnisse zu formulieren, die über die Grenzen des Greifbaren hinausgehen. Sie muss gewissermaßen ihren bisherigen, durch die Vorstellung einer Realität geprägten Fundamentalismus aufgeben, denn er ist zu starr und spiegelt nicht die all-umfassende Wirklichkeit wider. Doch auch dieses reicht nicht aus, den letztlich adualen Charakter der Wirklichkeit, Advaita, ihre prinzipielle Unauftrennbarkeit, auszudrücken, worauf eine „religio", ein umfassendes reines Beziehungsgefüge deuten soll. Auch die Religionen, die dieses Beziehungsgefüge in den vielfältigen Konfessionen unserem Verständnis widerzuspiegeln versuchen, geraten, wenn „wörtlich" genommen, in die Gefahr des Fundamentalismus.

Mit der Entwicklung der modernen Physik – und wir können sie trotz ihrer a-materiellen Basis als „Physik" bezeichnen, was sich ursprünglich auf die Natur bezieht – ist die Naturwissenschaft in eine ähnliche Situation wie die Religionen geraten, dass eine Verständigung darüber nur in Form von Gleichnissen gelingt, die in allen ihren unterschiedlichen Formen für unsere menschliche Kommunikation als Deutungselement für das unbegreifliche Erlebbare unentbehrlich erscheinen, soweit sie nicht durch Rituale geweckt werden können. Rituale spielen in unseren Kulturen eine wichtige Rolle, da sie, über unmittelbare, vertraute Gefühle und nicht nur über mittelbare, reflektierte Verständigung, den Menschen die Angst nehmen, sich hinzugeben und zu öffnen, was allen gemeinsam ist. Hierbei können wir erleben, dass auch die Natur und alles andere mit uns lebt. Eine solche Entwicklung braucht nicht eine intensive Belehrung, sondern nur eine Erinnerung, was wir alle letztlich schon wissen oder wenigstens ahnen. Da wir alle heute leben, mit Wurzeln, die dreieinhalb Milliarden Jahre zurückreichen, zeigt uns dies, dass wir prinzipiell dazu fähig sind.

Frage: Sie selbst sind ja ein gutes Beispiel dafür, denn Sie sind Wissenschaftler und bezeichnen sich doch sicher als spirituellen Menschen...

Dürr: Ja, aber vielleicht nicht mit dieser Bezeichnung....

Frage: ... und wie bringen Sie beides zusammen?

Dürr: Ich nenne mich einen „liebenden Atheisten", ein Atheist im Sanskrit-Sinne, wo die Vorsilbe A- nicht die Negation, sondern eine Nichtangemessenheit bedeutet. Gott und die Schöpfung bedeuten dasselbe, sind unauftrennbar, das Ganz-Eine. Daher kann ich nicht von Gott sprechen, weil ich sofort in die Dualität gehe und mit Gott und der Schöpfung etwas als mir gegenüber Äußerliches benenne. Die Zahl „eins" hat keinen Sinn, sie bekommt ihn erst, wenn man Aufgetrenntes zulässt. Von Gott zu sprechen, geht an der Wirklichkeit vorbei. Es wäre, als würden wir darüber streiten, ob Gott rot oder blau sei. Als Teilhabender, Teilnehmer und Mitwirkender der schöpferischen Schöpfung ahne oder erlebe ich jedoch nicht „Nichts", die oft betonte Leere oder Leerheit, sondern die umfassende, unmittelbar empfängliche Fülle, die gänzlich jegliche nachdenkliche oder sinnliche Reflexion vermeidet und damit nicht in unserem hellen Bewusstsein auftaucht.

Wichtig ist mir dabei, dass eine andere, nicht materiell-energetische, tiefer angelegte, gestalt-trächtige Verbundenheit bleibt, man könnte es Liebe nennen oder einfach Chi oder Aah – irgendein Wort oder Laut, das nur ein Dazwischen oder eine Bewegung oder einen Wandel meint und uns nicht sofort wieder mit etwas Greifbarem in Verbindung bringt. „Aah" kommt dem schon recht nahe, denn dieser Laut birgt in sich die Überraschung, das Erleben von immer wieder etwas Neuem, das uns in ein sprachloses Staunen versetzt und uns etwas öffnet, was nicht hinterfragt werden muss. Wenn man in einem geordneten System angesiedelt ist, dann kann man in der Regel nur verlässlich beschreiben, was nachgeordnet, also weiter unten vor sich geht. Wir haben aber gewöhnlich Schwierigkeiten, unsere bewährten Regeln „nach oben" zu verlängern, obwohl wir am Gesamtsystem partizipieren. Im Zustand der Hingabe, wo man sich selbst, sein Ego aufgibt, kann es passieren, dass wir mit einem „Aah" Neuem begegnen, ohne es benennen zu können. Wir erleben also, dass es im Hintergrund etwas gibt, was unsere bisherigen Vorstellungen übersteigt. Diese Erfahrungen macht auch ein forschender Wissenschaftler. Er ist bereit, etwas für ihn zunächst Unverständliches, ja Paradoxes zuzulassen. Heisenberg sagte dazu: „Warum soll sich die Wirklichkeit darum kümmern, ob sie durch unser Gehirn verstanden werden kann?"

Unsere Umgangssprache ist das, was ich manchmal unsere Apfelpflücksprache nenne: Diese ist primär dazu da, dass ich den

Apfel am Baum erkenne und ihn mit meiner Hand zum richtigen Zeitpunkt pflücken kann, um mich zu ernähren. Kein Wunder, dass solche „Begriffe" in unserer Sprache eine große Rolle spielen und Äpfel in jeder Größe, unsere materiellen Teilchen, als Bausteine für ein Verständnis unserer Welt brauchbar erscheinen. Es sollte uns nicht wundern, wenn diese Apfelpflücksprache sich nicht mehr eignet, wenn wir versuchen, sie zur Erklärung des ganz Kleinen und des ganz Großen anzuwenden. Es erscheint, dass wir mit unseren fünf Sinnen besser Verbindungen entdecken und erleben können, die wir zu unserer Orientierung dringend benötigen. Und die Vermutung liegt nahe, dass wir unsere Gefühle über unsere fünf Sinne hinaus sensibilisieren können

Frage: Das gibt Ihnen vermutlich auch Hoffnung, denn Sie machen ja – trotz allem – einen optimistischen Eindruck.

Dürr: Ja, ich bin optimistisch, auch in Bezug auf die Menschen, je mehr man sie persönlich kennenlernt. Es lohnt sich, diese Menschheit zu retten. Viele spüren, da ist etwas im Hintergrund. Sie sind vorbereitet und sogar bereit für diese andere, mehr fühlbare als greifbare Vorstellung. Ja, aber sie sagen dann, sie können diese Vorstellung doch nicht wirklich so leben aufgrund der schwierigen äußeren Umstände, die zwingend von uns fordern, realistisch zu sein. Aber dies ist ja gerade der Fehler, dass wir in unserem Alltagsleben die Wirklichkeit immer mehr zur Realität verstümmelt haben, auf diese Weise die spirituelle Dimension verlieren und damit die Lebendigkeit der Wirklichkeit kaum mehr erleben. Mein Optimismus für eine mögliche Zukunft der Menschheit beruht wesentlich auf zwei Einsichten.

Die eine ist: Die Wenigen, die heute deutlich erkennen, dass wir aufgrund einer relativ kleinen, politisch mächtigen Minderheit uns auf einem ganz gefährlichen Pfad der Selbstvernichtung befinden, diese Wenigen müssen nicht sechseinhalb Milliarden Menschen überzeugen, welchen Weg wir alle dringend einschlagen müssen, um die große Katastrophe zu verhindern, sondern es wird nur nötig sein, alle Menschen daran zu erinnern, was sie intuitiv eigentlich schon alle wissen: Den Grundprinzipien des Lebendigen zu folgen, die in den vergangenen dreieinhalb Milliarden Jahren die faszinierende, unbeschreiblich wunderbare Evolution des Lebens auf unserer Erde, uns als Menschen eingeschlossen, ermöglicht hat.

Eine zweite ist eine alte tibetische Weisheit: „Ein Baum, der fällt, macht mehr Krach, als ein Wald, der wächst." Was folgt daraus für unsere Situation? Unsere Geschichtsschreibung ist eine Geschichte der fallenden Bäume. Es sollte uns eigentlich überraschen, dass wir trotz aller Zerstörungen, schrecklichen Kriege, machthungrigen Könige und Feldherren, geldgierigen Eroberer und was sonst alles an Schlimmen geschehen ist, immer noch hier auf der Erde sind. Aber der Grund ist: Trotz der fallenden Bäume sind wir immer noch da aufgrund des ständig wachsenden Waldes, der wegen der Langsamkeit des Wachstumsprozesses von uns kaum wahrgenommen wird. Dies verdanken wir hauptsächlich unseren Frauen, die im Verlauf der Geschichte des Menschen durch ihre geduldige, mühselige tägliche Arbeit dieses ständige Wachstum des Lebens ermöglicht haben und keine Zeit hatten, ihren entscheidenden Beitrag der Nachwelt schriftlich zu überliefern. Wir sollten deshalb nicht das bedrückende Geschehen unserer überlieferten Geschichte als einen Maßstab für unsere Zukunftschancen sehen. Die Fähigkeit zur kooperativen, friedfertigen Integration ist im Paradigma des Lebendigen angelegt und ist deshalb auch ein Grund für unsere eigene Existenz. Kooperation und Friedensfähigkeit ist nicht erst eine Errungenschaft des zivilisierten und kultivierten Menschen. Nein! Der Mensch ist nicht, wie etwa im Sinne von Thomas Hobbes, der Wolf des anderen, der erbarmungslos, einem egoistischen Trieb folgend, über andere herfällt, um über andere zu triumphieren oder sie zu töten. Schauen wir nicht auf die negativen Schlagzeilen unserer Zeitung, sondern sensibilisieren wir uns darauf, das langsame Wachsen des kreativen Waldes wahrzunehmen und seine Erfolge zu feiern.

Die weibliche Herangehensweise ist nicht auf die Frauen beschränkt: Empathie ist in jedem angelegt, bei vielen jedoch verschüttet durch den Vertrauen zerstörenden wirtschaftlichen Wettbewerb. Für die Frauen ist das Erlebnis, dass wir verbunden sind, viel unmittelbarer. Sie sind enger mit der Familie verknüpft und nehmen die Familie unmittelbarer als Teil von sich selbst wahr und nicht nur als ein Gegenüber. Unmittelbar und ungekünstelt am Schmerz und der Freude der Umgebung teilzuhaben, ist in uns angelegt. Irgendwie haben wir dieses Urvertrauen einer Gemeinsamkeit in den letzten 3000 Jahren verloren. In der Achsenzeit, vor 2500 Jahren, so sagt man, fängt die hehre menschliche Geschichte an. Manchmal denkt man, dass es eher der Anfang der patriarchalischen Dominanz und der vielen großen unmenschlichen Kriege wurde.

Es kann doch nicht sein, dass wir in 2500 Jahren etwas verlernt haben, was eine Millionen mal längere Geschichte uns an Differenzierung und kooperativer Integration erfolgreich gelehrt hat. Außer, wir sind so verkorkst, dass wir selber einem Negativ-Votum des verwundeten Biosystems zustimmen müssen: „Zu unmündig für das wundervolle und großartige Biosystem! Schmeißt sie raus, wir nehmen den Schaden in Kauf." Ich hoffe, dass wir den Schaden minimieren können. Wir brauchen den Mut, das, was wir als Menschen verkorkst haben, auch als Menschen wieder in Ordnung bringen können.

Wenn es noch nicht zu spät ist?

Nein, es darf nicht zu spät sein!

Hans-Peter Dürr
Es gibt keine Materie!

Erstmals widmet sich der große Physiker im Dialog einem Vergleich seiner Erkenntnisse mit den Einsichten der mystischen Traditionen in den großen Weltreligionen. Dabei zeigen sich unglaublich verblüffende Parallelen zwischen christlich-jüdischen oder hinduistisch-buddhistischen Einsichten und den neuesten Erkenntnissen der modernen Quantenphysik.

Aufgrund seiner zahlreichen Gespräche und Begegnungen mit Vertretern der mystischen Traditionen in Ost und West ist Hans-Peter Dürr wie kaum ein zweiter Naturwissenschaftler dazu berufen, Grenzen zu überschreiten und scheinbar Unvereinbares zu verbinden.

Die Grenzen des Denkens verlaufen an der Oberfläche – in der Tiefe ist ALLES LEBEN EINS.
Eine außerordentlich spannende Begegnung zwischen Mystik und Physik, die neue, bisher ungeahnte Parallelen der beiden so unterschiedlichen Welten aufzeigt.

ISBN: 978-3-86191-028-2
104 Seiten

Carl Friedrich von Weizsäcker

Ino Weber
Carl Friedrich von Weizsäcker
Ein Leben zwischen Physik
und Philosophie

Carl Friedrich von Weizsäcker hat es wie kein Zweiter verstanden, die seit fast vier Jahrhunderten andauernde Trennung zwischen Geistes- und Naturwissenschaft zu überwinden. In der Welt der Physik ebenso zu Hause wie im Reich der Philosophie, errichtete er eine Brücke zwischen dem Denken Platons und der modernen Quantenphysik. Eine Brücke, die noch viele überschreiten werden, die erkannt haben, dass allen Phänomenen in Wahrheit die EINHEIT DES SEINS zugrunde liegt.

Der frühere Bundespräsident Roman Herzog nannte C.F. von Weizsäcker einmal den „letzten deutschen Universalgelehrten" – und keine andere Bezeichnung könnte diesen großen Denker und Forscher treffender charakterisieren.

Die erste umfassende Studie über den Naturwissenschaftler und über den Philosophen Carl Friedrich von Weizsäcker, die ein faszinierendes Lebensbild eines der einflussreichsten Menschen des 20. Jahrhunderts zeichnet!

ISBN: 978-3-86191-025-1
248 Seiten

Die Begegnung von Quantenphysik und Mystik

Renée Weber
Alles Leben ist eins

Seit den Tagen von Descartes ist die Schere zwischen Spiritualität einerseits und Naturwissenschaft andererseits immer weiter auseinandergegangen – mit verheerenden Folgen für die Menschheit. Jetzt ist die Zeit gekommen, um die beiden Welten wieder zu verbinden und zu erkennen: Die Welt ist eins!

Renée Weber, Professorin der angesehenen Princeton-Universität, gelingt in ihrem Werk der Brückenschlag zwischen den nur scheinbar getrennten Reichen durch einen faszinierenden Dialog zwischen großen Mystikern und bedeutenden Physikern und Biologen. Gerade die moderne Quantenphysik und die Biologie haben durch Forscher wie David Bohm oder Rupert Sheldrake die Basis geliefert, auf der diese neue Brücke errichtet werden kann.
 So zählen die Gespräche zwischen dem Dalai Lama und Bohm auch zu den Höhepunkten des Buches.

Wenn ein neues Zeitalter eingeläutet werden soll, dann wird dieses nur anbrechen, wenn die Trennung zwischen Naturwissenschaft und Spiritualität überwunden und eine neue Einheit erkannt wird. Renée Weber leistet dafür einen entscheidenden Beitrag!

ISBN: 978-3-86191-022-0
Hardcover, 352 Seiten